愛しのアンダルシアを旅して

南スペインへ

中村恵美子

Andalucía

はじめに

　とにかく街歩きが大好きで、20代の頃から仕事などで海外に出かけるたびに「もし、ここに暮らすとしたら……」と、いろいろ想像しながら町を散策していました。

　あの赤いドアの小さなおうちに住んで、この白い花が無造作に咲いている路地を通って仕事に行って、休みの日は角のちょっと古びたカフェで本を読もう……などと考えながら。洗練されたスポットや街並みも魅力的だけれど、街角でさりげない「素敵」に出逢った時、とても幸せな気持ちになります。

　アンダルシアの街並みは、住みはじめて10年以上経った今も、日々ときめきを感じさせてくれています。

　この本には、そんな世界遺産や歴史的名所がとけこむ日常生活のなかの、ふとした光景、花、空、路地裏、食べもの、アートなどを、たくさん散りばめました。

　アンダルシアに行ってみたいなあと、本書を手に取ってくださったみなさんにも、わくわく、どきどきしながら、アンダルシアの町に暮らしているような気分を、少しでも味わっていただけたらうれしいです。

Índice

Málaga
マラガ

Sevilla
セビージャ

※本書掲載のデータは2021年2月現在のものです。店舗の移転、閉店、価格改定などにより実際と異なる場合があります　※2021年2月現在、営業時間が変則的な施設や店舗がありますが、一部のぞき、基本的に通常の営業時間を記載しています　※営業時間や定休日は、時期によりやや変動する場合があります。とくに個人経営の店舗は夏と冬で営業時間が変わる場合が多いのでご注意ください　※「無休」と記載している店舗でも、一部の祝祭日は休業する場合があります。とくに1月1日、1月6日、12月25日の祝日は、営業時間を変更または休業する店舗がほとんどです　※スペイン語のカタカナ表記は、現地の発音に近いと思われる表記にしています。ただし一部、日本で定着しているカタカナ表記を優先しているものもあります　※スペインでは日本でいう1階が「地上階」、2階が「1階」です。本文中では日本の階数表記で掲載しています　※本書掲載の電話番号はすべて現地の電話番号です。スペインの国番号は「34」です

アンダルシアって？

アンダルシア州は、南スペインに位置するスペイン自治州のひとつ。北海道とほぼ同じ広さである87,597km²の面積に、セビージャ、マラガ、コルドバ、グラナダをはじめとする8県があり、州都はセビージャです。地中海と大西洋に面した800kmを超える海岸線と、シエラ・ネバダ（ネバダ山脈）などの国立公園を有する自然豊かな地形で、イベリア半島最南端のタリファ岬は、アフリカ大陸からわずか14kmのところに位置しています。

地中海性気候地域に属し、年間平均気温は約17℃とおだやかな気候。ヨーロッパでもっとも雨が少ない地域で、年間300日以上晴れている都市もあります。そのおだやかな気候から、とくにコスタ・デル・ソル（太陽の海岸）と呼ばれる海岸沿いを中心としたリゾート地には、スペインのほかの地域やヨーロッパの国々から多くの旅行者が集まり、別荘を持っている人も多く、リタイヤ後の移住地としても人気を集めています。

そして内陸部に入ると、世界遺産に登録されているグラナダのアルハンブラ宮殿、コルドバのメスキータ、セビージャの大聖堂など、重要な歴史的建造物が散在。世界各国の旅行誌などによる、訪れたい都市リストに必ず選ばれています。

スペインは歴史や地形などから、地方ごとに文化や習慣、そして話す言語*も異なりますが、アンダルシアは私たち日本人が想像する「スペインらしさ」が、もっとも詰まっている地方だといっていいでしょう。青い空に照りつける太陽、イスラム文化が残る街並みや白い村々。遅くまでにぎわうバル、気軽に話しかけてくれる地元の人たち、フラメンコの衣装を着た女性であふれる各地のフェリア（春から夏にかけて行われる祭り）——。そんな光景にあちこちで出会うことができます。

※スペインの公用語はスペイン語。ただし州による公用語もあり、ガリシア語、バスク語、カタルーニャ語なども話される

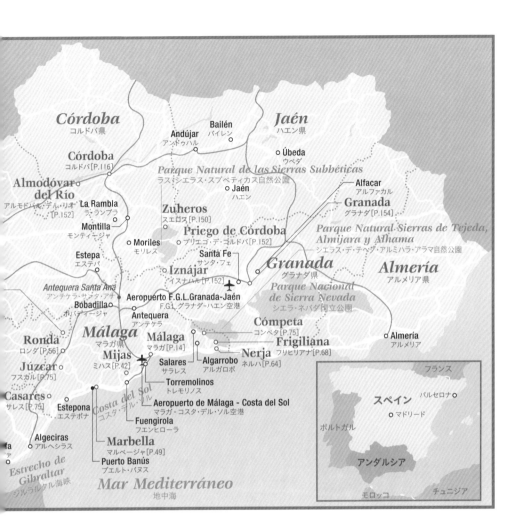

Córdoba
コルドバ県

Córdoba
コルドバ[P.116]

Almodóvar del Río
アルモドバル・デル・リオ [P.152]

La Rambla
ラ・ランブラ

Montilla
モンティージャ

Moriles
モリレス

Estepa
エステパ

Andújar
アンドゥハル

Bailén
バイレン

Jaén
ハエン県

Úbeda
ウベダ

Parque Natural de las Sierras Subbéticas
ラス・シエラス・スブベティカス自然公園

Jaén
ハエン

Zuheros
スエロス[P.150]

Priego de Córdoba
プリエゴ・デ・コルドバ[P.152]

Santa Fe
サンタ・フェ

Iznájar
イスナハル[P.152]

Alfacar
アルファカル

Granada
グラナダ[P.154]

Parque Natural Sierras de Tejeda, Almijara y Alhama
シエラス・デ・テヘダ・アルミハラ・アラマ自然公園

Granada
グラナダ県

Almería
アルメリア県

Parque Nacional de Sierra Nevada
シエラ・ネバダ国立公園

Antequera Santa Ana
アンテケラ・サンタ・アナ

Bobadilla
ボバディージャ

Aeropuerto F.G.L.Granada-Jaén
F.G.L.グラナダ−ハエン空港

Antequera
アンテケラ

Cómpeta
コンペタ[P.75]

Frigiliana
フリヒリアナ[P.68]

Almería
アルメリア

Ronda
ロンダ[P.56]

Málaga
マラガ県

Málaga
マラガ[P.14]

Mijas
ミハス[P.42]

Júzcar
フスカル[P.75]

Salares
サラレス

Algarrobo
アルガロボ

Nerja
ネルハ[P.64]

Casares
サレス[P.75]

Estepona
エステポナ

Costa del Sol
コスタ・デル・ソル

Torremolinos
トレモリノス

Aeropuerto de Málaga - Costa del Sol
マラガ・コスタ・デル・ソル空港

Fuengirola
フエンヒローラ

Marbella
マルベージャ[P.49]

Puerto Banús
プエルト・バヌス

Algeciras
アルヘシラス

Estrecho de Gibraltar
ジブラルタル海峡

Mar Mediterráneo
地中海

フランス

スペイン

バルセロナ

マドリード

ポルトガル

アンダルシア

モロッコ

チュニジア

下・町のところどころで、素敵な笑顔で歓迎してくれる人たちに出会える。／右・地中海の青い海。この景色を見にヨーロッパ各地から人が集まる。

左・オープンテラス席があるレストランやカフェがあちこちにある。夏は深夜近くまでにぎやか。／上・列車やバスの車窓から見られる、どこまでも続いていそうなオリーブ畑。

旅のプランのヒント

おすすめ旅プラン

各都市にゆっくり滞在するのが理想ですが、
見どころがたくさんあるので、やはり多くの町を知っていただきたい。
限られた日数で、できるだけコンパクトにまわれる
5つのプランを考えてみました。

1 ベーシックプラン 7泊8日

- ① 日目 **マラガ着**
- ② 日目 午前**ロンダへ**
- ③ 日目 午前**セビージャへ**
- ④ 日目 午前**コルドバへ**
- ⑤ 日目 午前**グラナダへ**
- ⑥ 日目 午前**ネルハへ**
- ⑦ 日目 午前**フリヒリアナ**▶午後**マラガへ**
- ⑧ 日目 **マラガ発**

　アンダルシアに行くなら、歴史的名所も海岸も白い村もひと通り訪れたい、という人向けのプラン。ネルハへはマラガから行くのが一般的ですが、グラナダからもバスが出ていて所要時間は約2時間から2時間半。白い村をひとつだけ訪れるのならフリヒリアナがおすすめですが、ミハスへ行きたい場合は、6日目にグラナダからマラガへ向かい、7日目にマラガから日帰りで訪れるといいでしょう。

2 少し長めのプラン 9泊10日

- ① 日目 **マラガ着**
- ② 日目 **ネルハ、フリヒリアナ**▶**マラガへ**
- ③ 日目 午前**ミハスへ**（フエンヒローラ泊）
- ④ 日目 午前**マルベージャへ**
- ⑤ 日目 午前**ロンダへ**
- ⑥ 日目 午前**セビージャへ**
- ⑦ 日目 午前**コルドバへ**
- ⑧ 日目 午前**グラナダへ**
- ⑨ 日目 午前**マラガへ**
- ⑩ 日目 **マラガ発**

　本書で紹介している主な都市すべてをめぐるプラン。かなりタイトなスケジュールになります。ネルハとフリヒリアナはマラガから日帰りで。ミハスへはスーツケースを持っての移動は大変なので、海岸沿いの町フエンヒローラ（Fuengirola）に泊まるのがおすすめ。そこからミハスやマルベージャへのバスがたくさん出ています。より身軽に動きたい場合は、3日目もマラガからミハスへ日帰りし、4日目にマラガからマルベージャへ向かうか、マルベージャへも日帰りし、5日目にマラガから列車やバスでロンダに向かうという方法も。

3都市世界遺産めぐり
6泊7日

- ① 日目 **マラガ**着
- ② 日目 午前**グラナダ**へ（アルハンブラ宮殿、アルバイシン地区）
- ③ 日目 午後**コルドバ**へ（メスキータ、歴史地区）
- ④ 日目 **コルドバ**（メディナ・アサーラ、アルカサル）
- ⑤ 日目 午前**セビージャ**へ（大聖堂、インディアス総合古文書館）
- ⑥ 日目 **セビージャ**（アルカサル）▶午後**マラガ**へ
- ⑦ 日目 **マラガ**発

3

　遅すぎない時間にマラガ空港に到着する場合、空港から直接バスでグラナダへ向かうのがおすすめ。各名所は朝早い時間に予約し、あまった時間を地区の散策にあてましょう。アルハンブラ宮殿は広く、効率よく見学しても結構時間がかかり、またメディナ・アサーラもコルドバ郊外にあるため往復に時間を取られます。セビージャは3か所とも近くにあり比較的早くまわれます。

マラガとコスタの白い村めぐり
6泊7日

- ① 日目 **マラガ**着
- ② 日目 **ネルハ、フリヒリアナ**
- ③ 日目 **マラガ**
- ④ 日目 **マルベージャ**
- ⑤ 日目 **ミハス**
- ⑥ 日目 **マラガ**
- ⑦ 日目 **マラガ**発

4

　マラガに6泊し、マラガを拠点にコスタ・デル・ソル沿いの白い村をめぐるプランです。遅すぎない時間にマラガ空港に到着する場合は、空港から直接バスでネルハに向かい2泊するのも◎。マルベージャとミハスはどちらもマラガの西に位置していて、バスで1時間ほどの距離。マラガのホテルで荷物を預かってもらえるようなら、マルベージャで1泊して、5日目はフエンヒローラ経由でミハスに向かうのもいいでしょう。

5

駆け足4都市めぐり
4泊5日

- ① 日目 **セビージャ**着
- ② 日目 **セビージャ**▶午後**コルドバ**へ
- ③ 日目 **コルドバ**▶午後**グラナダ**へ
- ④ 日目 **グラナダ**▶夕方**マラガ**へ
- ⑤ 日目 夕方まで**マラガ観光**、夜**マラガ**発

　アンダルシア以外の都市と組み合わせて旅行する人や、時間がないけれど主要4都市すべてに滞在したいという人のための駆け足プラン。ちなみに、バルセロナからブエリング航空（LCC）を利用してグラナダに入る場合は、グラナダ→コルドバ→セビージャ→マラガというルートが効率的。

アンダルシアの移動方法

日本からスペインへ、スペインのほかの都市からアンダルシアへ、
またアンダルシア内のアクセスについてご紹介します。

日本からのアクセス

　日本からアンダルシアに入る場合、空の玄関口はマラガ・コスタ・デル・ソル空港がメインになります。直行便はないので、通常はヨーロッパの主要都市を経由します。フライトスケジュールや料金から、エールフランス航空でパリへ向かい（約12時間30分）、乗り継いでマラガ空港に入る（約2時間35分）のがもっとも一般的。KLMオランダ航空を利用し、アムステルダム乗り継ぎも便利です。

　ヨーロッパ以外の都市では、ターキッシュエアラインズでイスタンブールに向かい（約13時間20分）、乗り継いでマラガ空港に入る（約4時間30分）という選択肢も。ほかにイベリア航空の直行便でマドリードへ向かい（約14時間30分）、マドリードから列車などでアンダルシアの都市に入ることもできます。アンダルシア州以外の都市もまわりたい場合は、マドリードIn、マラガOutなど到着、出発に異なる空港を選ぶのもいいでしょう。

◎エールフランス航空
　airfrance.co.jp
◎KLMオランダ航空 klm.co.jp
◎ターキッシュ エアラインズ
　turkishairlines.com/ja-int
◎イベリア航空 iberia.com/jp

マラガ・コスタ・デル・ソル空港

スペイン国内からのアクセス

▶マドリードから

　マドリードからアンダルシアへは、スペインの国鉄レンフェ（Renfe）を利用するのが便利。マドリードのアトーチャ駅は、高速列車が発着するプエルタ・デ・アトーチャ駅（Madrid-Puerta de Atocha）と近距離路線のアトーチャ・セルカニアス駅（Madrid-Atocha Cercanías）に分かれているので、ご注意を。高速列車アベ（Ave）での所要時間は、コルドバへは約1時間40分、セビージャへは約2時間30分、マラガへは約2時間45分、グラナダへは約3時間15分。コルドバとセビージャへはアベとアルビア（Alvia）の2種類が運行していて、アルビアは一部一般の線路を走りますが、所要時間はほぼ同じ。

　座席は、エコノミー席のトゥリスタ（Turista）と1等席のプレフェレンテ（Preferente）があります。料金は、同じ区間でもシーズンや連休、時間帯によって異なりますが、早割りもあるので事前に購入したほうがお得な場合が多いです。

◎スペイン鉄道Renfe
　renfe.com

セビージャ駅

▶バルセロナから

　バルセロナからアンダルシアへは、飛行機ならマラガ空港までブエリング航空やイージージェット、ライアンエアー、イベリア航空が、グラナダやセビージャへはブエリング航空が運航しています。所要時間はどの都市へも1時間30分前後。また鉄道での移動も可能で、所要時間はコルドバへは約4時間40分、セビージャへは約5時間30分、マラガへは5時間55分、グラナダへは約6時間25分。ただし本数はいずれも1日に1、2本と少なめです。

◎ブエリング航空 vueling.com
◎イージージェット easyjet.com
◎ライアンエアー ryanair.com

アンダルシア内の移動

▶マラガ空港から町へ

市内への移動にはマラガ市が運行する空港バス（Línea Express Aeropuerto）か、列車（Renfe Cercanías）を利用します。空港バスは20〜25分間隔で出ていて、バス乗り場はターミナル3（T3）を出て右に。料金は4€で、チケットはクレジットカードも使えるターミナル出口の券売機か、乗車時に運転手から現金で購入します。鉄道マラガ・マリア・サンブラーノ駅（Málaga María Zambrano）近くのバスターミナルまで、所要約30分。アラメダ・プリンシパルなどにも停まります。

鉄道のアエロプエルト（空港）駅は、バス乗り場がある通りを渡ったところに。20分間隔で運行していて料金は1.80€、所要約13分。マラガ・セントロ・アラメダ駅（Málaga Centro-Alameda）行きに乗り、アベなどで他都市に移動する場合はマラガ・マリア・サンブラーノ駅で降ります。グラナダ、ネルハ、マルベージャ、セビージャ、コルドバなどの都市へも、アルサ社（Alsa）が空港から直行バスを運行しています。

◎マラガ市バス
　emtmalaga.es

◎Alsa社　alsa.es

◎Avanza社
　avanzabus.com

マラガ空港空港バス

▶鉄道

同じ区間を数種類の列車が運行。時間に正確に移動したいなら、高速列車アベ（Ave）がおすすめです。スペイン最速で、遅延すると料金の一部、または全額を返金保証するシステムがあり、遅れることはほぼありません。出発時刻の5分前までにチェックインする必要があります。アルビア（Alvia）は部分的に高速ではない一般の線路を走行。アバント（Avant）は中距離高速列車で、アベよりもスピードが遅くカフェなどの設備もありません。そして中距離路線を同じ州内のみで走る列車をメディア・ディスタンシア（MD）と呼びます。料金はアベがいちばん高いですが、アンダルシア州内の移動の場合、所要時間はほぼ変わりません。ただしアベ、アルビア以外は、時々遅れることがあるのでご注意を。

Avant

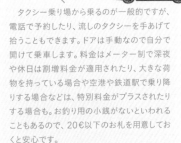

ロンダ・バスターミナル

▶バス

主要都市間は大手バス会社のアルサ社が、同じ県内や小さな村との間はコメス社（Comes）などの地元のバス会社が運行しています。チケットはバスターミナルや公式サイトで購入できますが、バス会社によってはバスターミナルでしか販売していない場合も。郊外や隣町などへ行く際は、路線バスも便利です。

また、中長距離バスの車内にはスーツケースを持ち込めません。下のトランクに入れますが、半券などもなく各自で責任を持って出し入れします。自由席のバスもありますが、運転席近くに座るのがおすすめ。終点以外で下車する場合、ひと声かけておくと知らせてくれます。夏は車内の冷房が強いこともあるので、薄い上着などの持参を。

◎Comes社　tgcomes.es

◎Damas社　damas-sa.es

◎Carlos社　autocarescarlos.es

◎Lara社　autocareslara.es

◎Carrera社　autocarescarrera.es

◎マラガ県の路線バス　ctmam.es/en/routes

◎コルドバ県の路線バス
　siu.ctco.es/es/lineas.php

タクシー利用について

タクシー乗り場から乗るのが一般的ですが、電話で予約したり、流しのタクシーを手あげて拾うこともできます。ドアは手動なので自分で開けて乗車します。料金はメーター制で深夜や休日は割増料金が適用されたり、大きな荷物を持っている場合や空港や鉄道駅で乗り降りする場合などは、特別料金がプラスされたりする場合も。お釣り用の小銭がないといわれることもあるので、20€以下のお札を用意しておくと安心です。

チップを渡す習慣はありませんが、例えば9.50€の場合、10€払いお釣りをもらわずチップがわりに、ということはよくあります。逆に1€以上お釣りがあるのにくれない場合は請求しましょう。忘れものをしてしまった時などのために、領収書をもらっておくことをおすすめします。

アンダルシアの歴史

古代ローマ時代まで

紀元前12世紀頃にイベリア半島(現スペイン、ポルトガル)に進出してきたフェニキア人により、紀元前9世紀頃、植民都市としてカディスやマラガがつくられました。その後、紀元前3世紀頃、フェニキア人とローマ軍が争い、ローマ軍が勝利。イベリア半島は西ローマ帝国が滅亡する476年まで古代ローマに支配されることになります。

西ゴート王国時代からイスラム支配へ

西ローマ帝国滅亡後は、ゲルマン族の西ゴート族に支配されました。711年、スペインは、西ゴートから解放してほしい、とシリアのイスラム王朝であるウマイヤ朝に要請します。それを受け、ウマイヤ朝がイベリ半島に侵入。その後、数年で半島の大部分がイスラム教徒の支配下となりました。

アル・アンダルスのはじまり

スペインは、ウマイヤ朝の領土となり、アル・アンダルスと呼ばれ、717年コルドバに首都がおかれました。しかし、イスラム帝国ウマイヤ朝が750年に滅亡し、アッバース朝に。アッバース家はウマイヤ家一族抹殺を試みましたが、アブド・アッラフマーン1世は生き残り逃亡。イベリア半島までたどり着き、ウマイヤ朝再興をはかります。そして756年、コルドバに首都をおいた、後ウマイヤ朝(スペイン・ウマイヤ朝)が成立しました。

栄華を誇った後ウマイヤ朝

後ウマイヤ朝は10世紀前半に最盛期を迎えました。929年には、アブド・アッラフマーン3世がカリフ(イスラム国家最高権威者)を宣言し、初代カリフが誕生。首都コルドバは世界最大の都市に成長し、最先端の学問、芸術、文化の中心地として繁栄しました。しかし、そんな栄華も1031年に終わりを迎えます。そしてアル・アンダルスは、約30のイスラム小王国に分立しました。

レコンキスタの完了

レコンキスタはキリスト教徒によるイベリア半島の領土回復を目指す再征服活動のことで、イスラム教徒による征服後の720年前後からはじまっていました。キリスト教軍が北から攻めて戦いを繰り返していましたが、イスラム教徒の分裂は、レコンキスタにとって好都合でした。ついに1236年にコルドバを、1248年にセビージャを再征服しました。その間、1230年にグラナダを首都において成立したナスル朝(グラナダ王国)がアル・アンダルスを統一、イスラム勢力唯一の砦に。

1469年には、キリスト教徒のカスティージャ王国のイサベル女王とアラゴン王国のフェルナンド王(ふたりをカトリック両王という)が結婚。1479年に両王国が合併しできたスペイン王国が、1492年イスラム勢力最後の都、グラナダを攻め落としレコンキスタが完了しました。コロンブスがイサベル女王の援助を受けて、新大陸を発見したのもこの年でした。

日本のサムライが滞在した村

1614年、セビージャの南約15kmにあるコリア・デル・リオ(Coria del Río)という村に、支倉常長が率いる慶長遣欧使節が滞在しました。この村には現在も、スペイン語で日本という意味の「ハポン(Japón)」姓が多く、そのまま留まった使節団の一員の子孫ではないかともいわれています。村にあるカルロス・デ・メサ公園には支倉常長の銅像があり、その横には2013年に慶長遣欧使節400周年を記念して訪れた当時の皇太子さまが植樹された桜の木もあります。

Málaga
マラガ

どこよりも
太陽に愛されている町

Málaga
マラガ

旧市街からいちばん近いマラゲータ・ビーチ。マラガ県には約175kmにわたる海岸が続いている。

窓辺にフラメンコ衣装が飾られた、アンダルシアの町ならではの光景。

スペインの南の玄関口、マラガ。地中海沿岸にコスタ・デル・ソルと呼ばれる海岸を持ち、1年のうち300日は晴天という年間を通して温暖な天候に恵まれています。長旅を終えマラガ空港に降り立つと、迎えてくれるまばゆい日射しに誰もが顔をほころばせる——。世界中でいちばん笑顔が集まる空港かもしれません。マラガ県は北ヨーロッパの人たちのリゾート地としても人気で、移住者も多く各国のコミュニティがあるほど。またヨーロッパ有数の高級リゾート地マルベージャ（P.49）には、英語が公用語であるかのように飛び交っています。

そんなアンダルシア随一の国際都市ですが、内陸に入ると、「スペインの最も美しい村」にも選ばれたフリヒリアナ（P.68）などの白い壁の村が山々に点在。驚くほどゆったり時間が流れています。このコントラストが、私が10年以上、マラガを離れられなかった理由のひとつです。

マラガ市内に着いたら、まずはマリナ広場の観光案内所へ。その北側に旧市街が広がっていて、大聖堂付近にはピカソゆかりの地が集まっています。スペインでもっとも美しい通りのひとつ、通称ラリオス通りはショッピングのメインストリート。町の中心、コンスティトゥシオン広場につながっています。広場の大理石のアーチをくぐるとチニータス（Pasaje Chinitas）という趣のある路地に出ます。ここは1857年から80年間続いた、当時スペインでもっとも有名だった劇場カフェがあったところ。小さな広場で足を止めると、少しひなびた雰囲気のなかに佇む建物から古きよき時代のにぎわいが聞こえてきそうです。そして、旧市街でひと際にぎわっているのがグラナダ通り（Calle Granada）で、バルやショップが軒を連ねています。

地中海の風に吹かれたくなったら、マラガ港沿いの遊歩道ムエジェ・ウノからマラゲータへ。海辺のバル、チリンギートでイワシのエスペト（串焼き）を頬張って、「太陽に愛され世界いち幸せ」なマラゲーニョ（マラガの人たち）の日常を体験してみましょう。

見どころは旧市街と港に集中しているので、
交通機関を使わなくても観光を楽しめる。

サン・フアン教会。色彩豊かな壁装飾は18世紀のマラガの建築様式の特徴のひとつ。

上・町の中心、コンスティトゥシオン広場。海岸沿いの町らしい開放感があるスペース。／左・1628年に建設された修道院のアーチが、形を変えて残っているチニータスの路地。

夏のラリオス通りにはマラガ名物、ジャスミンでつくったビスナガが香る。

グラナダ通り沿い、観光案内所がある広場の壁にはストリートアートが描かれている。

— ACCESS —

セビージャから：鉄道で約2時間／バスで約2時間45分
コルドバから：鉄道で約1時間／バスで約2時間30分
グラナダから：鉄道で約1時間35分／バスで約1時間45分

※マラガ・マリア・サンブラーノ駅、駅のそばのバスターミナルから旧市街へは徒歩15〜20分。セルカニアス（近距離線）を利用する場合、1駅乗りマラガ・セントロ・アラメダ駅で降りると大通りアラメダ・プリンシバル近くに出る

ヒブラルファロから町を見下ろす

上・パラドールの庭からのながめ。闘牛場や港が見えるだけでなく、右方向には旧市街も望める（写真外）。／右・下りは歩きがおすすめ。展望台やビュースポットがあちこちに。

旧市街のすぐ後方にあるのが、標高130mのヒブラルファロ山。観光スポットとして有名なヒブラルファロ城や展望台、パラドールなど、地中海とマラガの街並みが一望できるビューポイントが集まっています。

— ACCESS —

歩いて城壁を上るなどのルートがあるもののかなり坂を上ることになるので、バスもおすすめ。パルケ通り（Paseo del Parque）のバス停からマラガの市バスEMT35番に乗り約15分。チケット1.30€を、乗車時に運転手から購入する。5€を超えるお札はお釣りがもらえないことがあるので小銭の用意を忘れずに。また、バス停にはいくつかの路線のバスが止まるので、35番のバスが来たら手をあげて知らせて

アートが息づくソーホー地区へ

もっとも有名なObey（右）とD*Face（左）の作品はCAC（近代美術館）近く、グアダルメディナ川沿いにある。

少し前まで、大通りのアラメダ・プリンシパルと港の間のあたりは、便利な場所にも関わらず寂れた感があり、ちょっと怪しげな雰囲気さえ醸し出していました。そんなエリアを「アートあふれる地区にしよう」と立ち上がったアーティストや実業家たちが、都市再開発プロジェクトをつくり、市に働きかけました。その後「『ソーホー地区』と名づけアートの街に！」と市が発表して再開発が進み、現在進行形で急速に発展しています。

ぶらりと散策していると、ところどころで目にするインパクトのある作品の数々は、ストリートアートを手がけるMAUS（マラガ・アート・アーバン・ソーホー）プロジェクトによるもの。有名アーティストたちが、公共スペースやビルなどをキャンバスがわりに描いています。マラガ出身の俳優、アントニオ・バンデラスが「故郷に演劇文化を根づかせたい」と長年構想をあたため、自分がプロデュースする劇場「テアトロ・ソーホー」をオープンさせたのもこの地区です。

一方で、そんなアートの風に誘われ、新しいコンセプトのおしゃれなお店も続々オープンしています。手づくりケーキが人気のピクニック・ソーホー、かわいい内装や種類豊富なスイーツが地元の女性客の心をつかんで離さないラ・ベジャ・フリエタなどのカフェは、常に人がいっぱい。目が離せないマラガのクリエイティブな最先端エリアをぜひ散策してみてください。

左上・ベンデハ通り（Calle Vendeja）にある、マラガ出身の有名人を描いたTVBoyの作品。／左・アラメダ・プリンシパルからもちらっと見えるアート。

Teatro Soho
テアトロ・ソーホー

📍 Calle Córdoba 13, Málaga
📞 952 429 173
🌐 teatrodelsoho.com
MAP 📍 P.18 C-2

Picnic Soho
ピクニック・ソーホー

📍 Calle Barroso 10, Málaga
📞 951 153 552
🌐 picnicsoho.com
MAP 📍 P.18 C-2

La Bella Julieta
ラ・ベジャ・フリエタ

📍 Calle Córdoba 5, Málaga
📞 689 907 050
🌐 labellajulieta.com
MAP 📍 P.18 C-2

マラガ中心部MAP

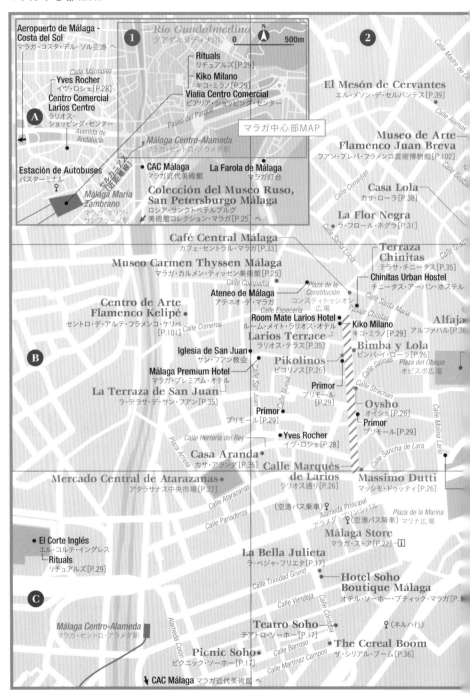

Aeropuerto de Málaga - Costa del Sol
マラガ-コスタ・デル・ソル空港 へ

1 *Río Guadalmedina*
グアダルメディナ川

0　　　　500m

2

Rituals
リチュアルズ[P.29]

Kiko Milano
キコ・ミラノ[P.29]

Vialia Centro Comercial
ビアリア・ショッピング・センター

El Mesón de Cervantes
エル・メソン・デ・セルバンテス[P.39]

Calle Mármoles

Yves Rocher
イヴ・ロシェ[P.28]

Centro Comercial Larios Centro
ラリオス・ショッピング・センター

A

Avenida de Andalucía

Paseo del Parque

Málaga Centro-Alameda
マラガ・セントロ・アラメダ駅

マラガ中心部MAP

Museo de Arte Flamenco Juan Breva
フアン・ブレバ・フラメンコ芸術博物館[P.102]

Calle Álamos

Calle Madre de Dios

Estación de Autobuses
バスターミナル

Málaga María Zambrano
マラガ・マリア・サンブラーノ駅

CAC Málaga
マラガ近代美術館

La Farola de Málaga
マラガ灯台

Colección del Museo Ruso, San Petersburgo Málaga
ロシア・サンクトペテルブルグ美術館コレクション・マラガ[P.25] へ

Casa Lola
カサ・ローラ[P.38]

Calle Comedias

Calle Beatas

La Flor Negra
ラ・フロール・ネグラ[P.31]

Calle Santa Lucía

Café Central Málaga
カフェ・セントラル・マラガ[P.33]

Terraza Chinitas
テラサ・チニータス[P.35]

Calle Grad

Museo Carmen Thyssen Málaga
マラガ・カルメン・ティッセン美術館[P.25]

Calle Compañía

Chinitas Urban Hostel
チニータス・アーバン・ホステル

Ateneo de Málaga
アテネオ・デ・マラガ

Plaza de la Constitución
コンスティトゥシオン広場

Calle Santa María

Pasaje Chinitas

Centro de Arte Flamenco Kelipé
セントロ・デ・アルテ・フラメンコ・ケリペ[P.101]

Calle Especería

Room Mate Larios Hotel
ルーム・メイト・ラリオス・オテル

Kiko Milano
キコ・ミラノ[P.29]

Alfaja
アルファハル[P.30

Calle Cisneros

Larios Terrace
ラリオス・テラス[P.35]

Bimba y Lola
ビンバ・イ・ローラ[P.26]

B

Iglesia de San Juan
サン・フアン教会

Pikolinos
ピコリノス[P.26]

Calle Salinas

Plaza del Obispo
オビスポ広場

Málaga Premium Hotel
マラガ・プレミアム・オテル

Primor
プリモール[P.29]

Calle Strachan

La Terraza de San Juan
ラ・テラサ・デ・サン・フアン[P.35]

Calle San Juan

Calle Nueva

Oysho
オイショ[P.26]

Calle Molina Lario

Primor
プリモール[P.29]

Primor
プリモール[P.29]

Yves Rocher
イヴ・ロシェ[P.28]

Calle Herrería del Rey

Plaza Arriola

Casa Aranda
カサ・アランダ[P.36]

Calle Marqués de Larios
ラリオス通り[P.26]

Calle Sancha de Lara

Massimo Dutti
マッシモ・ドゥッティ[P.26]

Mercado Central de Atarazanas
アタラサナス中央市場[P.27]

Calle Atarazanas

Calle Panaderos

(空港バス乗車)

Alameda Principal
アラメダ・プリンシパル

(空港バス降車) マリナ広場

Plaza de la Marina

El Corte Inglés
エル・コルテ・イングレス

Rituals
リチュアルズ[P.29]

Málaga Store
マラガ・ストア[P.22]

La Bella Julieta
ラ・ベジャ・フリエタ[P.17]

Calle Trinidad Grund

Calle Vendeja

Hotel Soho Boutique Málaga
オテル・ソーホー・ブティック・マラガ[P.

C

Málaga Centro-Alameda
マラガ・セントロ・アラメダ駅

Alameda Colón

Teatro Soho
テアトロ・ソーホー[P.17]

Calle Córdoba

(ネルハ行)

Picnic Soho
ピクニック・ソーホー[P.17]

Calle Barroso

Calle Martínez Campos

The Cereal Boom
ザ・シリアル・ブーム[P.36]

↓ CAC Málaga マラガ近代美術館 へ

【本書紹介スポット】 見どころ&その他／ショッピングスポット／飲食店／ホテル

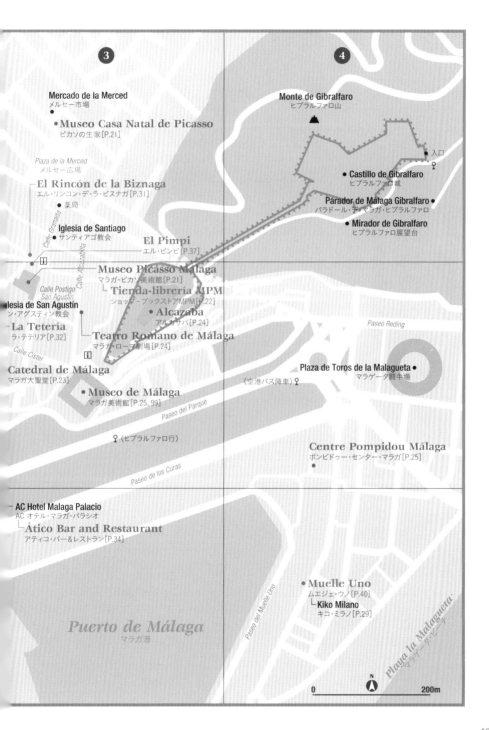

3

Mercado de la Merced
メルセー市場

● **Museo Casa Natal de Picasso**
ピカソの生家 [P.21]

Plaza de la Merced
メルセー広場

El Rincón de la Biznaga
エル・リンコン・デ・ラ・ビスナガ [P.31]
● 薬局

● **Iglesia de Santiago**
サンティアゴ教会

El Pimpi
エル・ピンピ [P.37]

Museo Picasso Málaga
マラガ・ピカソ美術館 [P.21]

Tienda-librería MPM
ショップ・ブックストアMPM [P.22]

lesia de San Agustín
ン・アグスティン教会

● **Alcazaba**
アルカサバ [P.24]

La Tetería
ラ・テテリア [P.32]

Teatro Romano de Málaga
マラガ・ローマ劇場 [P.24]

Catedral de Málaga
マラガ大聖堂 [P.23]

● **Museo de Málaga**
マラガ美術館 [P.25、99]

Paseo del Parque

♀ (ヒブラルファロ行)

Paseo de los Curas

AC Hotel Malaga Palacio
AC オテル・マラガ・パラシオ

Ático Bar and Restaurant
アティコ・バー&レストラン [P.34]

Puerto de Málaga
マラガ港

4

Monte de Gibralfaro
ヒブラルファロ山

▲

● 入口
♀

● **Castillo de Gibralfaro**
ヒブラルファロ城

Parador de Málaga Gibralfaro ●
パラドール・デ・マラガ・ヒブラルファロ

● **Mirador de Gibralfaro**
ヒブラルファロ展望台

Paseo Reding

Plaza de Toros de la Malagueta ●
マラゲータ闘牛場

(空港バス降車) ♀

Centre Pompidou Málaga
ポンピドゥー・センター・マラガ [P.25]

● **Muelle Uno**
ムエジェ・ウノ [P.40]
└ **Kiko Milano**
キコ・ミラノ [P.29]

Playa la Malagueta
マラゲータビーチ

Paseo del Muelle Uno

0   N   200m

幼いピカソが見た風景を歩く

ピカソ像の横に座り写真を撮っていると鳩が遊びに来る。右後方に見えるのが、生家があった建物。

上から／ピカソが洗礼を受けたサンティアゴ教会。ピカソの両親が結婚式をあげたのもここ。／ピカソの父が教えていたサンテルモ美術学校だった建物。現在は市の展覧会などに使われている。／毎年8月に、闘牛士がピカソをイメージした衣装を着て戦うお祭りがあり、闘牛場もアートで飾られる。

　画家ピカソはマラガで生まれ、10歳まで育った生家がメルセー広場の一角にあります。幼いピカソはここで毎日のように鳩と戯れ、後に娘にパロマ（スペイン語で鳩という意味）と名づけ、鳩がテーマの作品もたくさん残しています。

　広場の片隅には、スケッチブックと鉛筆を片手にサンダル姿で微笑みベンチに腰かけている、大人になってからのピカソの姿が。よくある凛々しい銅像ではなく、マラガでの日常のワンシーンのように、風景に溶け込んでいます。ピカソ像の横に座って、鳩が舞う青空をながめていると、まだ誰も彼を知らなかった頃のピカソ少年が、この場所で同じ空を見上げていたのかと不思議な気持ちになります。

　広場からすぐ、グラナダ通り（Calle Granada）の角にある薬局が、かつてピカソの父親が通っていたマメリー薬局だったところ。同じ通りに洗礼を受けたサンティアゴ教会があり、サン・アグスティン通り（Calle San Agustín）を左に入るとピカソ美術館が見えます。美術館の斜め向かいには、ピカソが通っていた幼稚園がありました。街の中心、コンスティトゥシオン広場の一角、コンパニア通り（Calle Compañía）にあるのが、父が教えていた美術学校だったところ。ピカソもよく立ち寄っていた建物は、現在、芸術文学協会（アテネオ・デ・マラガ）のミュージアムも兼ねていて自由に見学できます。

　最後は、旧市街から東に少し離れた海岸近くにある、マラゲータ闘牛場。ここで父と闘牛を観戦したピカソは心を動かされ、9歳の時、はじめて闘牛をテーマに作品を描きます。その後も父と一緒に通いインスピレーションを受けたといわれています。

Museo Picasso Málaga
マラガ・ピカソ美術館

ピカソの願いから生まれた美術館

2003年の開館時に、「生家に近く、ピカソが好きだったスタイルの建物」と数ある候補のなかから家族によって選ばれたのがこのブエナビスタ宮殿。ルネサンス様式とムデハル様式を融合させたアンダルシア建築の16世紀の邸宅です。マラガに自分の作品を残したいというピカソの願いを叶えた美術館には、約400点のピカソの作品が展示されています。

📍 Calle San Agustín 8, Málaga
📞 952 127 600／🌐 museopicassomalaga.org
🕐 1・2・9〜12月10:00〜18:00、3〜6月11:00〜18:00、7・8月11:00〜19:00、12月24・31日・1月5日10:00〜15:00、1月1・6日・12月25日休
💶 9€／MAP 📍 P.19 B-3

上・展示作品にはピカソの親族の私蔵コレクションより寄贈された233点が含まれている。／左・幾何学模様の木製の天井など、宮殿の美しい建築が見られるパティオ。

Museo Casa Natal de Picasso
ピカソの生家

別館は少し離れたところにあるので、見逃さないようにして。

天才画家の原点がここに

1881年10月25日、メルセー広場15番地でピカソは生まれました。一家が住んでいた部屋がミュージアムとして公開されていて、幼い頃の洋服なども展示されています。当時の写真や出生証明書などを目にすると、そこに幼少時のピカソがいるかのように感じる瞬間が。別館では特別展が開かれ、ピカソの親族や友人などが所有しあまり公に出ていない作品も観ることができます。

上・リビングルームがあったところ。両親の写真や画家だった父親の絵なども展示されている。／右・4歳のピカソ。近所の写真家に撮ってもらったポートレート。

📍 Plaza de la Merced 15, Málaga
📞 951 926 060
🌐 fundacionpicasso.malaga.eu
🕐 9:30〜20:00、12月24・31日9:30〜15:00、1月1日・12月25日休
💶 4€／MAP 📍 P.19 A-3

ピカソを感じるアイテムたち

私がマラガから引っ越す時、ピカソの何かを想い出にほしくなりました。
旅の終わりにもそんな気持ちになるのかも……と思いながら、
マラガ・ピカソ美術館内のショップで、私がひとめ惚れしたものや
ショップおすすめのアイテムからいくつかを選んでみました。

◀ ハードカバーのノートブック各8.90€。旅の想い出を書き留めてみては?

▼ 美術館のロゴが入った、色合いがかわいい3色ボールペン各3.90€とストライプの鉛筆2€。

▲ ピカソといえばストライプ柄。エスパドリーユ35€はコットンのワンピースと合わせて。/▶ストライプのトートバッグ10.90€。オレンジのロゴがアクセントに。

▶ 代表的な作品のポストカード各1.10€はもちろん、ピカソ自身のポートレートもある。

◀ クッション性がある素材のポーチ15.90€は、小さなカメラやアクセサリー入れにもいい。

Tienda-librería MPM
ショップ - ブックストア MPM

📍 マラガ・ピカソ美術館内(P.21)
📞 952 127 614
🕐 マラガ・ピカソ美術館と同じ(ただし入店は美術館閉館時間の15分前まで)
MAP 📍 P.19 B-3 ※ポスティゴ・サン・アグスティン通り(Calle Postigo San Agustín)にある入口から入館料なしで入店可

町を散策していると、あちこちで目にするピカソグッズ。まるでピカソ自身がマラガ訪問を歓迎してくれているかのように感じませんか? 美術館のショップ以外でアイテムが充実しているのは、マリナ広場の観光案内所内のショップ。地図をもらいに行くついでにのぞいてみて。

ピカソの名言が英語で入った、ストライプのプレート13€とマグカップ12€。

Málaga Store マラガ・ストア

📍 Plaza de la Marina 11, Málaga(観光案内所内)/
📞 951 926 020/🕐 1〜3・11・12月9:00〜18:00、4〜10月9:00〜20:00、無休/MAP 📍 P.18 C-2

モリナ・ラリオ通り（Calle Molina Lario）の
北側からながめる塔。

Catedral de Málaga
マラガ大聖堂

市民に愛される未完成のカテドラル

　オビスポ広場に面した、かつ
てイスラム教寺院のモスクがあ
った場所に1530年頃から18世
紀にかけて建設された大聖堂。
期間が長期に及んだため、ゴシ
ック、ルネサンス、バロックとさ
まざまな建築様式が融合してい
ます。資金不足のため、メイン
のファザードと南の塔が完成し
ないまま、1768年に礼拝のため
に開かれました。マラガの人た
ちは、未完成なことから親しみ
を持って「ラ・マンキータ（片腕
という意味）」と呼んでいます。
北の塔の高さは87mあり、アン
ダルシアの大聖堂で一、二の高
さを誇ります。その塔の階段を
上り、礼拝堂の中間テラスを通
り屋根に出て、約50mの高さの
デッキから旧市街をながめられ
るガイドツアーも催行。

上・6本の柱で支えられ
た美しいリブ・ヴォール
トの天井で覆われてい
る中央礼拝堂（主祭壇）。
／右・バロック様式の彫
刻が見事な聖歌隊席は
ペドロ・デ・メナ（Pedro
de Mena）作。

📍 Calle Molina Lario 9, Málaga
📞 952 220 345／🌐 malagacatedral.com
🕐 10:00（日曜14:00）〜18:00、無休
※入場は閉館40分前まで
💶 6€／MAP 📍 P.18 B-2

左・西側、オビスポ広場に面しているのが豪華な装飾が目を引く正面。見学
時は北側の門から。／右・オビスポ広場のバルのテラス席からながめる大聖
堂は迫力あり。中央奥に見えるのが未完成の塔。

Teatro Romano de Málaga
マラガ・ローマ劇場

古代ローマ時代を生きた証

上・アルカサバの丘の西側斜面に位置する。後方がアルカサバ。／左・嘘みたいな話だけれど、発見後も1995年に文化施設が解体されるまで44年もの間、建物の下になったままだった。

何世紀にもわたって土の下に眠っていましたが、1951年に文化施設を建てる際、庭の工事中に発見されたローマ劇場。アウグストゥス皇帝時代の紀元1世紀につくられ、3世紀まで使われていました。ステージ、オーケストラ席、カウェア（動物たちの土牢）、そして半径31m、高さ16m、13段のスタンドがあります。

📍 Calle Alcazabilla s/n, Málaga
📞 671 539 212
🕐 10:00～18:00（日曜・祝日16:00）、月曜休
💶 無料
MAP 📍 P.19 B-3

Alcazaba
アルカサバ

マラガの歴史の軌跡が

上・ナスル朝宮殿内の「オレンジの中庭」。水盤とタイル装飾は建設初期のもの。／下・入口にある白い柱は、ローマ劇場の柱を再利用してつくったもの。

アラビア語で城塞という意味のアルカサバ。古くはフェニキア人の住居があったヒブラルファロ山の斜面に、11世紀に建てられたイスラム支配時代の宮殿の要塞です。ローマ劇場の上、ルネサンス建築の影響を受けた建物であるマラガ美術館の前に位置しています。ローマ、アラブ、ルネサンスの3つの文化の建築物を、わずか数mの範囲で見られる貴重な空間です。

塔や中庭、バルコニーなど、港沿いのムエジェ・ウノや灯台まで見渡せるスポットがいくつもある。

📍 Calle Alcazabilla 2, Málaga
📞 952 227 230
🕐 夏季9:00～20:00、冬季9:00～18:00、無休
💶 3.50€（ヒブラルファロ城とセットのチケット5.50€）
MAP 📍 P.19 B-3

お気に入りのミュージアムを見つけて

町のところどころで目にする"Ciudad de Museos"（ミュージアムの町）という文字。
マラガには約40のミュージアムがあり、そのほとんどが歴史地区に集まっていて、
「旧市街にミュージアムがもっとも密集している都市」といわれています。
なかでもおすすめのミュージアムをご紹介します。

Museo Carmen Thyssen Málaga
マラガ・カルメン・ティッセン美術館

　旧市街の中心にある16世紀に建てられたビジャ
ロン宮殿を改装してできた美術館。常設の230作品
には19世紀のアンダルシア絵画が数をそろえ、スペ
インでいちばんのコレクションです。併設されたカフ
ェやパティオも、落ち着いた雰囲気でおすすめです。

📍 Plaza Carmen Thyssen (Calle Compañia 10), Málaga
📞 902 303 131／🖥 carmenthyssenmalaga.org
🕐 10:00～20:00、1月1日・12月25日・月曜休（祝日はのぞく）
💶 10€／MAP 📍 P.18 B-2

Museo de Málaga
マラガ美術館

　元税関だった地元で有名な新古典主義
建築の宮殿を改装してつくられました。州
立美術館と考古学博物館の作品が集めら
れ、州立の美術館としては最大。考古学コ
レクションは1万5000点、15世紀以降の
コレクションは2000点を超えます。

📍 Plaza Aduana s/n, Málaga
📞 951 911 904
🖥 museosdeandalucia.es/web/museodemalaga/
🕐 1月～6月22日9:00～21:00（日曜・祝日15:00）、
月曜休（祝日はのぞく）、6月23日～9月9:00～
15:00、月曜休（翌火曜が祝日の場合はのぞく）、
10～12月9:00～21:00（日曜・祝日15:00）、月
曜休（翌火曜日が祝日の場合は9:00～15:00オープ
ン）、1年を通して一部祝日休
💶 1.50€（ただしヨーロッパ居住者は無料）
MAP 📍 P.19 B-3

Centre Pompidou Málaga
ポンピドゥー・センター・マラガ

　すっかりマラガ港のシンボルとなった、ガラス張り
のカラフルなキューブ。パリの分館として2015年
に5年間限定でオープンしましたが、2025年まで
延長されました。20、21世紀のコレクションから厳
選された作品のなかにはピカソやダリの絵画も。

📍 Pasaje Doctor Carrillo Casaux s/n,
Muelle Uno, Puerto de Málaga
📞 951 926 200／🖥 centrepompidou-malaga.eu
🕐 9:30～20:00、12月24・31日9:30～15:00、
1月1日・8月18日・12月25日・火曜休（祝日はのぞく）
💶 9€／MAP 📍 P.19 B-4

Colección del Museo Ruso, San Petersburgo Málaga
ロシア・サンクトペテルブルグ美術館コレクション・マラガ

　世界最大の40万点を超えるロシア美術コレクション
を所蔵する、ロシア国立美術館の西ヨーロッパ初の分館。
1920年代の建物、旧王立たばこ工場を改装してつくら
れました。旧市街からタクシーで約10分、喧騒から逃れ
た優雅で落ち着く空間です。

📍 Avenida Sor Teresa Prat 15,
Edificio de Tabacalera, Málaga
📞 951 926 150
🖥 coleccionmuseoruso.es
🕐 9:30～20:00、12月24・31日
9:30～15:00、1月1日・月曜休
💶 8€／MAP 📍 P.18 A-1 (MAP外)

ラリオス通りでショッピング

マラガでショッピングを楽しむなら、
地元で通称カジェ・ラリオス（ラリオス通り）と呼ばれている
スペインでもっとも美しい通りのひとつ、
マルケス・デ・ラリオス通りへ。
スペインブランドの人気店が並んでいます。

MAP 📍 P.18 B-2

初夏になるとサンシェードで覆われ、日
差しをやわらげてくれる。

 Massimo Dutti
マッシモ・ドゥッティ

エレガントで落ち着いたデザインが人気の
ZARAのアッパーブランド。仕事にも着ていけ
る、シンプルできれいめの洋服がそろっていま
す。スペイン産の上質レザーを使ったシューズ
やバッグは、値段もお手頃でおすすめです。

📍 Calle Marqués de Larios 9, Málaga
📞 952 603 903／🌐 massimodutti.com
🕐 10:00〜21:30、日曜休
MAP 📍 P.18 B-2

 Oysho
オイショ

ホームウエア、ヨガウエア、ランジェリーな
どを扱うZARAの姉妹ブランド。機能的でトレ
ンドを取り入れたデザインは、地元女性に人気
です。とくに淡いトーンの着心地のいい部屋着
は、家にいる時間を楽しくしてくれそう。

📍 Calle Marqués de Larios 5, Málaga
📞 951 576 867／🌐 oysho.com
🕐 10:00〜21:30、日曜休
MAP 📍 P.18 B-2

 Bimba y Lola
ビンバ・イ・ローラ

ふたり姉妹のデザイナーが2005年に設立。
コンセプトは「プチラグジュアリー」で、20〜
50代の働く女性がターゲットのブランドです。
斬新なデザインや色合いのものから、落ち着い
た洋服や小物までそろっています。

📍 Calle Marqués de Larios 3, Málaga
📞 952 218 343／🌐 bimbaylola.com
🕐 10:00〜21:30、日曜休／MAP 📍 P.18 B-2

 Pikolinos
ピコリノス

高品質のレザーが安く手に入るスペインは、
シューズブランドも充実しています。ピコリノス
の靴は一度履くと手放せないほどやわらかく足
にフィット。快適さとデザインの両方にこだわり
を持ち、追及しているうれしいブランドです。

📍 Calle Marqués de Larios 4, Málaga
📞 952 608 304／🌐 pikolinos.com
🕐 10:00〜21:30、日曜休／MAP 📍 P.18 B-2

クリスマス
シーズンは──

クリスマスシーズンになると、通りにイルミネーションが
灯り町が華やぐスペイン。ラリオス通りのイルミネーション
は、毎夜数回にわたって行われる音楽に合わせたショーと
ともに人気で、スペイン各地から多くの人が訪れます。

Mercado Central de Atarazanas
アタラサナス中央市場

市民の台所は色とりどりの世界

マラガ大聖堂など町のモニュメントが描かれているステンドグラスは、108枚のパネルからできている。

14世紀ナスル朝時代、造船所だったところにある市場。19世紀にアーチ型の門を残して建て直され、ネオアラブ様式の建物に生まれ変わり、この時代のマラガを代表する建築物となりました。門の反対側にある入口はステンドグラスが光に揺られ、まるで教会か美術館のよう。そんな建物を見ているだけでも楽しいのですが、一歩なかに入ると活気が半端なく、彩りあざやかな野菜や果物、地元でとれた魚介類などが目に飛び込んできます。氷の上でキラキラ光る新鮮な魚が見られるのも海岸沿いの町ならでは。マラガ名物のボケロン（カタクチイワシ）の専門店もあり、その場でさばいてつくった酢漬けを販売しています。

新鮮なカタクチイワシを開き、塩、ビネガー、オリーブオイルでマリネ。手際よく名物料理ができ上がっていく。

📍 Calle Atarazanas 10, Málaga
🕐 8:00〜15:00、日曜休
MAP 📍 P.18 C-1

上・地元でとれた新鮮な野菜や果物もたくさん。市場の食材を使って調理してくれるバルもある。／左・唯一残されているイスラム建築、大理石の門があるところが正面入口。

スペインで買えるプチプラコスメ

お手頃価格のコスメブランドが充実しているヨーロッパ。
自然派コスメや、ビビッドな色使いのメイクアップアイテムなどもたくさんあります。
マラガに店舗があるブランドとマラガ発のコスメショップをご紹介。

 Yves Rocher
イヴ・ロシェ

　フランス発のオーガニックコスメ。かわいいギフト用セットも充実しています。日本未入荷商品もあるのでチェックを。

🛜 yves-rocher.es
MAP 📍 P.18 B-2（フェリックス・サエンス広場店）、
P.18 A-1（ラリオス・ショッピング・センター店）

◀オリーブとビターオレンジのバス＆シャワージェル（400ml）3.95€は、清涼感がある上品な香り。オーガニックのアロエベラ配合。

◀天然のカモミール配合の敏感肌用クレンジングクリーム（125ml）5.95€。やさしく、しっかり落としてくれる。

◀97％が天然由来成分で無着色の、オリーブとビターオレンジのヘア＆ボディミスト（100ml）6.95€。ひんやり感がスポーツ後などにも◎。

▶手軽に使えるロールオンタイプのデオドラント（50ml）5.50€。コットンやカモミールなど、どれも軽い質感でマイルドな香り。

▶アンチエイジングケアラインのセラム（50ml）59.90€。クリームなどもある。安くなっている時も多いので要チェック。

▲リップクリーム（4g）各2.95€はシアバターが配合されていて唇がしっとり。フルーツのほかバニラやココナツの香りも。クリスマスなどには限定商品（中）も販売。

▶ときどきデザインが変わるオリジナルエコバッグ1.95€。ブランドカラーの緑が使われていてナチュラルな感じ。

Rituals
リチュアルズ

オランダのナチュラル
リラクゼーションブランド。
オリエンタルテイストを
取り入れたフレグランス
やボディケア製品が人気。

桜の香りなどのク
リームふたつ、マッサー
ジ用の蓮の花が香るローショ
ン、ラベンダーの香りのハンドマスク
のハンドケアの4点セット13.90€。

大きくしっかりしたつくりの
バッグ5€。ほかにヨガやホ
ームウエアなどもある。

🛜 rituals.com
MAP 📍 P.18 A-1(ビアリア・ショッピング・センター店)、
P.18 C-1(エル・コルテ・イングレス店)

....

Kiko Milano
キコ・ミラノ

豊富な色展開が目を引く、イ
タリアのミラノ発ブランド。お手
頃な価格帯なので、気軽にいろ
いろなカラーを試せるのが◎。

🛜 kikocosmetics.com/es-es
MAP 📍 P.18 B-2(ラリオス通り店)、
P.18 A-1(ビアリア・ショッピング・センター店)、
P.19 C-4(ムエジェ・ウノ店)

左から／45色展開の人気のマニュキュアPower Pro Nail Lacquer
(11ml)各4.99€。お手頃価格でおみやげに◎。／Smart Fusion Lipstick
(6.5ml) 3.99€はクリーミーな質感で、発色もいいリップスティック。
51色あるのでまとめ買いしたくなるはず。／落ちにくいリキッドタイプのリ
ップカラー、Instant Colour Matte Liquid Lip Colour(6.5ml)7.59€。
植物油が入っていて潤い感もある。

....

Primor
プリモール

マラガ発のフレグランス＆コスメの
お店。有名ブランドから、自然派、プ
チプラコスメまでそろっています。

🛜 primor.eu
MAP 📍 P.18 B-2(ラリオス通り店2店舗)、
P.18 B-2(ヌエバ通り店)

左から／ロンドン発レボ
リューションのコンシー
ラーUltimate Coverage
Crease Proof Corrector
(12g)7.99€はカバーカ
抜群。ウォータープルーフ
で崩れにくくよれにくい。／
スペイン自然派コスメブ
ランド、ババリアのアロエベラ
配合のフットクリーム
(150ml)1.99€。疲れた足
のケアにどうぞ。

Alfajar
アルファハル

世界にたったひとつの上質な焼きものを

左・職人のひとり、娘のパウラさん。一家で定期的にワークショップも開催している。／下・形もデザインも個性的な花瓶34€。高さ15cmと持って帰りやすい大きさ。

スペインならではのおみやげのひとつといえば陶磁器。おみやげ店などでも売られていますが、なかなかこれというものが見つからない時はこちらへ。セラミックを意味するアラビア語が店名のアルファハルは、家族4人が職人という陶芸一家のお店です。デザインから原料選び、焼き上げ、手作業での塗装まで、一つひとつ心を込めてつくられたものが並んでいます。旅の思い出にずっとそばにおいておきたくなるような、マラガに関するものをモチーフにデザインされた焼きものもたくさん。お店でつくり手の話を聞きながらじっくり作品を見せてもらっていると、少々値段は高くても品質のいいものを手にしたくなるはず。わからないことがあれば何でもていねいに教えてくれるので、気軽にたずねてみてください。

マラガ名物エスペト（イワシの串焼き）のお皿。作品はすべて署名入りで品質も保証されている。

陶器でできた人形やマグネットなども。ほかに一家が選んだ作家の焼きものも並んでいる。

📍 Calle Císter 1 Puerta 2, Málaga
📞 952 211 272
📶 alfajar.es
🕐 10:00〜20:30、無休
MAP 📍 P.18 B-2

≡ El Rincón de la Biznaga
エル・リンコン・デ・ラ・ビスナガ

マラガの女性のあこがれ

左・オーナー、マベルさんのビスナガへの思いから実現したお店。／右・ピンブローチ7€、ピアスなどの手づくりアクセサリーはおみやげにも。

生花では3日しか持たないビスナガも、磁器製12€だとずっと楽しめる。

　ラリオス通りでビスナゲロ（ビスナガ売り）とすれ違うと、ほんのり気品のある香りが漂います。ビスナガはジャスミンの生花を摘み取りつくったアレンジメントのような花。マラガのシンボルのひとつで、アラビア語源で「神様の贈りもの」という意味があり、マラガの女性にとって特別なもの。お店にはそんなビスナガをデザインした小物がたくさんそろっています。

📍 Calle Granada 53, Málaga
📞 633 164 979／🌐 facebook.com/rinconbiznaga
🕐 10:00〜21:00、無休／MAP 📍 P.19 A-3

≡ La Flor Negra
ラ・フロール・ネグラ

マラガで感じるパリからの風

　2018年にオープンして間もなく、おいしいケーキ屋ができたと町で話題になったカフェ。ほどよい甘さで、厳選した素材の味を引き出すことにこだわったケーキは、フランスの名門、ルノートル製菓学校で修業したパティシエによるもの。ほかにも、朝ごはんメニューが3.50€から、しっかり食べられるお肉や魚料理のメニューも15€からと1日中、満足できる食事が楽しめます。

上・スペインのケーキにはなかなかない繊細さが◎。貴重なのでゆっくり味わって食べたい。／左・BGMがないカフェが多いなか、癒される音楽とシックな内装が心地いい。

📍 Calle Santa Lucía 10, Málaga
📞 677 745 373
🌐 laflornegra.es
🕐 9:00〜24:00、無休
MAP 📍 P.18 A-2

うちでのんびり過ごしてね〜

La Tetería
ラ・テテリア

長居したくなる雰囲気の店内。ランゲージ・エクスチェンジやスペイン語の個人レッスンをしている留学生も多い。

美術館めぐりの後に、ちょっとひと息

上・10種類以上あるクレープ3.95€〜。暑い時は冷たいミントティー（Té Moruno con hielo）2.80€ですっきりして。／左・アラブのお菓子1.40€。名前がわからなかったら指で差しで注文しよう。

📍 Calle San Agustín 9, Málaga
📞 952 215 386
📶 la-teteria.com
🕐 15:00〜21:00、無休
MAP 📍 P.19 B-3

サン・アグスティン教会の目の前にあり、いつもにぎわっている人気のテテリア（アラブ風ティーハウス）。旧市街の中心地にある小道に並べられた木の机と椅子のぬくもりに誘われなかに入ると、店内にもやはりウッド調で、ほっこり落ち着く雰囲気が広がっています。150種類以上のお茶のほかに、スムージーやシェイク、抹茶を使ったドリンク、コーヒーやチョコラテ（ホットチョコ）も。食べものもアラブのスイーツはもちろん、クレープなどの軽食メニューも豊富で、ビーガンやグルテンフリーにも対応しています。大聖堂の塔を見上げ、教会の鐘の音、そして行き交う人たちのおしゃべりをBGMにひと休み。ピカソ美術館から数メートルなので帰りにちょっと寄り道してみては？

マラガっ子のように
コーヒーを
頼んでみよう！

「Un mitad, por favor!（ウン・ミター・ポル・ファボール）」── マラガのカフェでよく耳にするのが、このフレーズ。ウンはスペイン語でひとつ、ミターは半分という意味なので、「半分くださいっていってるの？」と思ってしまうかもしれませんが、そうではありません。実はマラガには、ほかの町にはない独自のコーヒーの注文の仕方

上・コーヒーの種類が描かれたカフェ・セントラルの看板。イラストで見るとわかりやすい。／下・コーヒーカップはカフェ・セントラルで、エコバッグは町のあちこちのおみやげ店で買える。

があるのです。最近では注文されなくなったものもありますが、元々はコーヒーとミルクの割合によって9種類の呼び方がありました。このバリエーションは1950年代に誕生し、生みの親は町の中心にある老舗、カフェ・セントラル・マラガ。その当時、コーヒーを出すと「ミルクを足して」、「もっと濃くして」と何かと注文がつき、つくり直さなければなりませんでした。そこで細かく名前をつけてイラストを見せて注文してもらおう、と考えたそう。9種類もつくり分けるのは大変そうに思えますが、実はとても実用的なアイデアだったのです。

　その頃からカフェ・セントラル・マラガは市民が集う人気のお店だったので、この呼び名と注文方法は一気にマラガ中に広まりました。そして今でも、ミルクコーヒーは「ミター」。ほかの町のように「カフェ・コン・レチェ」というマラガっ子はいません。マラガのカフェを訪れたら、ぜひマラガ風に注文してみてください。

 コーヒーの種類

solo (ソロ)
コーヒーのみ100%

largo (ラルゴ)
コーヒー90%

semi largo (セミ・ラルゴ)
コーヒー75%

solo corto (ソロ・コルト)
コーヒーのみ（カップの60%の量）

mitad (ミター)
コーヒーとミルク半分ずつ

entre corto (エントレ・コルト)
コーヒー40%

corto (コルト)
コーヒー30%

sombra (ソンブラ)
コーヒー20%

nube (ヌベ)
コーヒー10%

Café Central Málaga
カフェ・セントラル・マラガ

📍 Plaza de la Constitución 11, Málaga
📞 952 224 972
🌐 cafecentral.es
🕐 8:00〜24:00、無休
MAP 📍 P.18 B-2

スペインではアイスコーヒーを注文すると、熱いコーヒーと氷が入ったグラスが出てくる。メニューにはのっていない場合が多く、ミルク入りアイスコーヒーは「カフェ・コン・レチェ・コン・イエロ（Café con leche con hielo）」。

Ático Bar and Restaurant

アティコ・バー＆レストラン

最上階から見る景色は、ミニチュアの街並みのよう。海と空の青のグラデーションが美しい。

手をのばすとそこに大聖堂が

　地元で知らない人はいない有名ホテル、マラガ・パラシオの最上階にあるバー＆レストラン。東西にのびるマラガの町を見渡せるぜいたくなスポットです。目の前には真っ青な空と広い海が広がり、視線を落とすと港の遊歩道を散策する人々の姿が見えます。そして後ろを振り向くと、いつもは見上げている大聖堂が目線の位置に迫ってきます。このパノラマをひとり占めできるのは、旧市街と新しく開発された港の間に立つホテルのテラスならでは。ランチタイム以外は、ドリンクのみの利用もOKです。空からながめるマラガの町の過去と現在の建築が隣り合う風景は圧巻。いつまでも忘れない思い出の景色のひとつになるはずです。

左・プールは宿泊客専用だけれどテラス席は誰でも利用可。360度見渡せるので好きな景色が望める席を選んで。／右・色ががらっと変わる旧市街側。いつもは見えない大聖堂の未完成の塔や屋根の細部が間近に。

食事は空調がきいている室内で、落ち着いてゆっくり味わって。

📍 Cortina del Muelle 1, Málaga
　（AC Hotel Malaga Palacio 15F）
📞 952 215 185
🕐 12:00～深夜、無休
MAP 📍 P.18 B-2

マラガの広い空、そして街並みを望めるホテルのカフェテラスで、ひと休みしませんか。
スペインではランチが終わる午後４時半から夜８時くらいまでがカフェタイム。
日が暮れてから訪れて、夜景を楽しむのもおすすめです。

Larios Terrace
ラリオス・テラス

旧市街の中心を空中散歩

せまいスペースに、ざわ
ざわした雰囲気がいいと
いう地元っ子でいっぱい。

ラリオス通りに面していて、ショッピングにも最高の立地にあるホテル、ルーム・メイト・ラリオスのテラスカフェ＆バー。大聖堂はもちろん、買いものや散策を楽しむ人でいっぱいのラリオス通りや、旧市街の中心、コンスティトゥシオン広場を真上から見渡せます。

ビーチのように横になれるソファもあり、リラックスできる。

📍 Calle Marqués de Larios 2. Málaga
　（Room Mate Larios Hotel 5F）
📞 952 222 200
🌐 room-matehotels.com/en/larios
🕐 17:00〜深夜、無休
MAP 📍 P.18 B-2

Terraza Chinitas
テラサ・チニータス

市民の生活を垣間見ながら

コンスティトゥシオン広場にある建物のアーチをくぐった先に、チニータスという路地があります。そこに建つチニータス・アーバン・ホステルのテラスに、少しカオスな生活感漂うマラガの旧市街と大聖堂が望めるカフェバーが。テラスはせまいながら2フロアあるので、それぞれ異なる景色を楽しめます。

📍 Pasaje Chinitas 3. Málaga（Chinitas Urban Hostel 4. 5F）
📞 951 136 370 ／ 🌐 facebook.com/terrazachinitasmalaga
🕐 16:00〜深夜、無休／MAP 📍 P.18 B-2

La Terraza de San Juan
ラ・テラサ・デ・サン・フアン

教会の塔が真横から迫る

地元の小さなお店が軒を連ねていた通りから、洗練された通りに生まれ変わりつつあるサン・フアン通り。2017年にオープンしたホテル、マラガ・プレミアムのルーフトップカフェ＆バーからは大聖堂の塔が望めるほか、真横にそびえるサン・フアン教会の塔の迫力に圧倒されます。

📍 Calle San Juan 11. Málaga
　（Málaga Premium Hotel 5F）
📞 952 634 741
🌐 hotelmalagapremium.com/
　terraza-malaga
🕐 16:00（金15:00）〜深夜、無休
MAP 📍 P.18 B-2

教会の塔の特徴であるエレガントなバルコニーも間近に見える。

The Cereal Boom
ザ・シリアル・ブーム

左・オープンサンド2.50€〜は12種類。ブランチセット2.90€〜も人気。／右・オリジナルシリアル3.50€〜はシリアル、ミルク、トッピングが選べる。

心地いい朝ごはんタイムを

おしゃれなお店が増えつつあるソーホー地区にある話題のお店。週末には行列ができるほど。

📍 Calle Córdoba 14, Málaga
📞 639 005 878
🌐 facebook.com/TheCerealBoom
🕐 9:00〜13:00、17:00〜21:00、無休
MAP 📍 P.18 C-2

　ドアを開けると煉瓦とウッドを基調とした内装に緑が映え、トロピカルな香りが広がる心地いいスペースが広がっています。300種類以上のシリアルメニューがマラガっ子たちに大人気で、とくに午後が混み合いますが、個人的には朝行くのがおすすめ。クロワッサンやオープンサンドなど朝食にぴったりなメニューも豊富で、やわらかいな光が窓から差し込む店内でいただく食事は、一日のはじまりを晴れやかにしてくれます。

Casa Aranda
カサ・アランダ

📍 Calle Herrería del Rey 2, Málaga
📞 952 222 812
🌐 facebook.com/CasaAranda/
🕐 9:30〜13:30、18:30〜20:30、無休
MAP 📍 P.18 B-2

レトロなお店で伝統のチュロス

　見栄えはあまりよくないけれど、外のさくさく感となかのふんわり感がやみつきになるチュロスのお店。1932年から受け継がれた太い見た目とその食感は、私たちのチュロスのイメージをいい意味で裏切ってくれます。揚げ立てを濃厚なチョコラテにつけて頬張る伝統的なスタイルをぜひ試してみて。チョコラテは飲むには甘すぎるので、別にコーヒーも頼むのがおすすめです。

上・ひと皿6本3€。1本0.50€からでも注文できるので食べたい本数を伝えて。／左・ポラスと呼ばれる太いチュロスは、大きいのでつくり方も豪快。ガラス越しに見学できる。

El Pimpi
エル・ピンピ

ピカソ一家も訪れた有名バル

上・店内の壁は、ピンピを訪れた有名人の写真で埋め尽くされている。／左・地元出身の俳優、アントニオ・バンデラスのサイン入りのワイン樽の前は人気の写真スポット。

　マラガっ子に「おすすめのバルは？」ときくと真っ先に名前があがる人気バル。18世紀の邸宅を改装して1971年に創業して以来、歴史名所とともにマラガの有名スポットになっています。マラガでもっとも古いワイナリーのひとつでもあり、郷土料理と豊富な種類のワインを楽しむことができます。お店はいくつかの部屋とパティオに分かれていて、さらに外にはテラス席もあります。マラガの風を感じながら楽しむ食事は格別ですが、アンダルシアの伝統と文化を感じられる装飾が特徴的な店内も素敵。ピカソの娘や数々の有名人のサインが入っているワイン樽の前も人気席。グラナダ通りの入口から、テラス席があるローマ劇場側までお店のなかを通り抜けられるので、店内を歩いてお気に入りの席を見つけてください。

上から／イベリコ豚のステーキやチョリソなどが入ったピンピ・プレート18€は地元客に人気。／メニューは季節ごとに変わる。デザート6.50€とコーヒー1.70€。

📍 Calle Granada 62, Málaga
📞 952 228 990／🛜 elpimpi.com
🕐 10:00〜翌3:00、無休／✕ 英語メニュー ○
MAP 📍 P.19 B-3

Casa Lola
カサ・ローラ

上・イベリコ豚のミニハンバーガー4€はふんわりジューシー。こんがり焼けたパンとの相性も◎。／左・背の高いテーブルといすはバルの定番。満席の場合は、スタッフに名前と人数を伝えて呼ばれるのを待って。

おいしいベルムとイベリコ豚バーガー

「マラガに住んでいて、ここのベルムを知らないなんて！」と地元の友達に誘われて行ったのが最初。ベルム（Vermú）とはワインにハーブやスパイスで香りづけしたフレバードワインで、スペインで人気の飲みもののひとつです。そのベルムでも有名なカサ・ローラは常に行列ができていて、バルやショップが集まるグラナダ通りのなかでもひと際にぎわっている人気のバル。メニューも小皿料理のタパスをはじめ、具をバゲットにのせ楊枝でとめたピンチョス、ミニサンドのモンタディートス（Montaditos）、イベリコ豚のハンバーガーなどもあり、おいしいスペイン料理を手頃な価格で味わえます。

VermutまたはVermouthとも書くベルム2.60€は、ちょっぴり苦く、食前酒として飲まれることが多い。

左・ほどよくスパイシーなソースが絡まったポテトフライ（Patatas Bravas）2€〜。／右・カウンター、高いテーブル、低いテーブルがあるので好きな席へ。

📍 Calle Granada 46, Málaga
📞 952 223 814
🖥 tabernacasalola.com
MAP 📍 P.18 A-2

El Mesón de Cervantes
エル・メソン・デ・セルバンテス

笑顔が集まるいい雰囲気のお店

「buen rollo(ブエン・ロジョ／いい雰囲気)なお店にしたくって」と気さくな感じで話すオーナーのロミナさんは、アルゼンチン出身。同郷のご主人と2008年に1店目のレストランをオープンし、今では7店舗の飲食店オーナーに。主にマラガの食材を使い、アレンジを加えたスペイン料理を提供しています。ほとんどの料理はタパ(小皿)、メディア・ラシオン(半皿)、ラシオン(ひと皿)と3サイズあるので、いろいろ試したい時はタパを。ロミナさんの言葉通り、店内は常に笑顔で客席に気を配るスタッフが行き交い、お店に入った瞬間からあたたかい空気に包まれる「ブエン・ロジョ」なお店。何度もリピートしたくなります。

📍 Calle Álamos 11, Málaga
📞 952 216 274
🖥 elmesondecervantes.com
🕐 19:00～24:00、火曜休
🍴 英語メニュー ○／MAP 📍 P.18 A-2

上から／パッションフルーツソースがほんのり甘い、カタクチイワシの酢漬け3€～ははじめての味。／トマトの冷製クリームスープ(右)もオリジナル。ラズベリー味が隠されていてまろやか。

上・各テーブルに出向き、「どうですか?」と声をかけるスタッフの心配りが印象的。／左・アップルパイのバーラアイス添え5€は、オーナーであるロミナさん(右)のお母さんのレシピ。

潮風に吹かれたくなったら海沿いへ

上・日曜に開催される手づくり小物やアクセサリーなどのマーケット。麦わら帽子などすぐ使えるものも。

上・港のシンボル、ガラス張りのカラフルなキューブがポンピドゥ・センター。／右・ムエジェ・ウノ通りのいちばん奥にある灯台。マラゲータ・ビーチもすぐ近く。

マラガ散策の魅力は、旧市街から歩いて行ける距離に海があること。アラメダ・プリンシパルを渡りマリナ広場を横切ると、そこはもう港沿いの遊歩道ムエジェ・ウノ通り（Paseo del Muelle Uno）の入口。歴史ある街並みから、わずか5分ほど歩くだけでリゾート気分を味わえます。

スペイン語で「埠頭1」という意味のムエジェ・ウノは長い間、素朴な埠頭でしたが、2011年にヤシの木が並ぶ現代的な遊歩道と60近くのレストランやショップが連なる海沿いのスポットに生まれ変わりました。美術館のポンピドゥ・センターもあり、年間70万人のクルーズ客が訪れる港でもあります。フリースペースでは子ども向けのアクティビティやさまざまなイベント、手工芸品のマーケットなども開かれ、訪れるたびに違う

旧市街からここに来ると、あらためて港町マラガにいること
を実感。豪華客船も頻繁に到着する。

Muelle Uno
ムエジェ・ウノ

📶 www.muelleuno.com
🕐 ※営業時間、定休日は店舗によって異なる
MAP 📍 P.19 C-4

チリンギートで食べる
イワシのエスペト

エスペテロが火の当たり具合や風向きを気づか
いながら、ていねいに焼く。ひと皿はイワシの大き
さにより5、6匹。基本的に1年中食べられるけれ
ど、11〜1月はクローズするチリンギートも多い
ので、それ以外の時期に行くのが確実。

顔を見せてくれます。夕方になると、ここが
散策コースになっている地元の人たちも集ま
ってきて、よりにぎやかになります。

さらにムエジェ・ウノから少し歩くと、マラ
ゲータというビーチに出ます。町の中心部か
らいちばん近いビーチで、市民にも人気。ま
わりは住宅街で、カフェやレストランも多く
にぎわっているのでぜひ訪ねてみてください。

マラゲータ・ビーチでぜひ試してほしい
のがイワシのエスペト。エスペトはスペイン
語で串のことで、新鮮な小イワシに粗塩を
かけ、串に刺し炭火で焼いたイワシの串焼
きのことも指します。気軽に魚介類などを楽
しめる海の家のようなチリンギートなどで食
べることができ、海岸のあちこちから香ばし
いにおいが漂ってきます。

それぞれのチリンギートの横には、小さな
船を再利用した焼き台があり、エスペテロ
（エスペトを焼く人）がイワシなどを焼いて
いる姿が見られます。おいしそうだなと思う
チリンギートを見つけて、ぜひ味わってみて
ください。食べ方はレモンを絞り、熱いうち
に、手で豪快に！

ちなみに、日曜は漁が休みなので、月曜は
閉まっているチリンギートが多く、魚を食べ
ないのがマラガっ子の常識です。

旅の疲れを癒してくれるような、のんびりした空気が流れてい
るマラゲータ・ビーチ。

地中海をながめなが
ら潮風に吹かれて味
わうエスペトは格別。
ぜいたくな午後を過
ごして。

白壁の素朴な小道を散策しよう

Mijas
ミハス

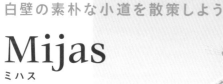

17世紀後半に岩を掘って建てられたビルヘン・デ・ラ・ペーニャ礼拝堂。すぐそばにコンパス展望台が。

上・サン・セバスティアン通りを上りきってカルバリオ通りに到着。上から見るサン・セバスティアン通りの景色も、カルバリオ通りも美しい。／左・マラガ通りからアントニオ・ポスティゴ・ヒメネス通りに行く途中にある、噴水がある広場。

― ACCESS ―

マラガから：バスで約1時間30分／トレモリノスまで鉄道で21分、トレモリノスからミハスまでバスで約1時間20分／フエンヒローラまで鉄道で46分、フエンヒローラからミハスまでバスで約12分

海抜428mの高さにあるこの小さな村を訪れるたびに、あたたかい気持ちになる理由のひとつは、あちこちで日本語に触れられるから。多くの日本人が訪れるため、観光案内所には日本語の地図が用意されていて、日本語の商品説明があるお店も少なくありません。日本人観光客へ感謝をあらわした記念碑もあり、日本とつながりが深い村といえるでしょう。そんなミハス（ミハス・プエブロ）は散策が楽しい村。礼拝堂そばのコンパス展望台からコンパス通り（Avenida del Compás）を歩き、コンスティトゥシオン広場へ。広場を通り過ぎ坂を上ると闘牛場、展望台＆庭園に着きます。散策後は、ムロ通り（Calle Muro）を通るとコンスティトゥシオン広場へ戻ってきます。広場からは美しい通りとして有名なサン・セバスティアン通り（Calle San Sebastián）もすぐ近く。

さらにあまり知られていない通りに迷い込むと、ミハスの素敵な素顔に出会えます。ぜひ歩いてほしいルートは、マラガ通り（Calle Málaga）17番地の階段を上り、アントニオ・ポスティゴ・ヒメネス通り（Calle Antonio Postigo Jiménez）へ。また、サン・セバスティアン通りを上りきり、その先のカルバリオ通り（Calle Calvario）へ。ここまで来るとシエラ展望台もすぐそこです。

※ミハスは白い村がある内陸部から海岸沿いまで広い範囲を指し、白い村は「プエブロ（Pueblo）」、海岸沿いは「コスタ（Costa）」。タクシーなどで行先を告げる時は必ず「ミハス・プエブロ」と伝えて

上・ミハスでいちばん有名なサン・セバスティアン通り。美しい通りとして絵葉書にもなっている。／右・コンスティトゥシオン広場のまわりにはバルやみやげ店がたくさんある。

ミハス・プエブロMAP

Mirador y Jardines de la Muralla
ムラジャ展望台と庭園

絶好のビューポイントにおかれているベンチから、誰にもじゃまされず地中海を望める。

コスタでいちばん美しい展望台

村の南にある小さな丘の上、かつての要塞跡につくられた展望台＆庭園。ミハスではもちろん、コスタ・デル・ソル地域のなかで、とくに美しい風景を楽しめる展望台といわれています。眼下には緑のなかに浮かぶ白壁の家々とプールが、遠くには真っ青な空と地中海、海岸沿いの町を一望できます。庭園には小さな滝や小川があり、季節の花々も一年中絶えることなく植えられていていつも華やか。植物名や原産地などが書かれたプレートもあり、ミニ植物園内のようです。ところどころにベンチがおかれているので、ゆっくり腰掛けて、壮大な景色に癒されてください。

13,000㎡の敷地に、オリーブの木から竹まで約140種類の植物が植えられている。

上・緑のなかに点在する豆粒のような別荘からは、プールではしゃぐ子どもたちの声が。／下・庭園沿いのムラジャ通りから、ムロ通りに入る手前からの眺望。迫って来そうな真っ白な家並みが美しい。

📍 Paseo de la Muralla s/n, Mijas／MAP 📍 P.43

Delicias
デリシアス

アンダルシアの名産品、たくさんそろえてます！

持って帰りたいおみやげがいっぱい

左・アンダルシア州内、地中海沿いの町アルメリアでつくられたエキストラ・バージン・オリーブオイル7.90€。酸度0.1%以下の最高品質を保証された逸品。／右・マラガ県内の村でとれたオレンジの花の蜂蜜。青いマークが品質保証のしるし。

　オリーブオイル、蜂蜜、チョコレート、オリーブティー、スパイス、手づくりオーガニックジャム、伝統菓子──。マラガ県をはじめアンダルシア州各地で生産された食品を中心に、たくさんのスペイン製品が集まっているショップ。日本人旅行者が多いミハスらしく、各商品の説明が日本語でも記されていて選びやすいのが◎。とにかく種類が豊富で、ミニサイズもそろっているのでおみやげ探しにぴったりです。気になる商品がいっぱいあって、あれもこれもと隅々まで見たくなるので、ゆっくり時間を取って訪れることをおすすめします。

白を基調とした明るい店内に商品がきれいに並べてあり選びやすい。

📍 Calle Málaga 4, Mijas
📞 951 508 706
🌐 delicias-natural-foods-store.negocio.site
🕐 10:00〜18:00、無休
MAP 📍 P.43

材料に加えるだけで簡単にパエリアやエビのアヒージョなどができるスパイスセットも。

Exposición Artesanía de España
エクスポシシオン・アルテサニア・デ・エスパーニャ

コルドバ県のラ・ランブラという村でつくられている炻器（せっき）。あたたかい色味が特徴的。

スペイン中の陶器が集まる

上・スペイン各地の14種類以上の陶磁器やタイルがそろう。保証つきで日本まで配送も可。／左・普段使いにも大丈夫。耐久性にすぐれている陶器の大きなパン皿46.50€。

「展覧会（Exposición）」という名前の通り、陶磁器博物館のような店内。天井から床までその種類と数の多さに圧倒されます。アンダルシア地方の陶磁器はもちろん、スペイン各地のさまざまな焼きものが集まっているので、ほかの町で買い忘れたものも見つかるはず。日本人の店員がいる時間帯もあり、どんな焼きものなのか、その歴史なども含めてていねいに説明してもらえます。

📍 Calle Málaga 2, Mijas ／ 📞 952 486 203 ／ 🛜 ceramicfromspain.com/es
🕐 夏季10:00〜22:30、冬季10:30〜20:00、無休／MAP 📍 P.43

Alpargatería Los Abuelos
アルパルガテリア・ロス・アブエロス

上・にぎやかなマラガ通りにあり、道行く人が必ず足をとめるお店。子ども用やメンズ用もある。／左・しっかりしたつくりのエスパドリーユ25€。素材を問わなければ10€以下のものも。

お気に入りのエスパドリーユを

エスパドリーユはスペイン語でアルパルガタ（Alpargata）といい、アルパルガテリアはエスパドリーユ屋のこと。白壁とその装飾がかわいいミハスの通りのなかでも、ひと際目を引くカラフルな外観。こぢんまりとしていてあたたかみのある店内にはスペイン各地から届いたブランドのシューズがところせましと並んでいて、気さくなオーナー、セリアさんがサイズなどの相談にのってくれます。

📍 Calle Málaga 1, Mijas ／ 📞 647 679 345
🕐 夏季12:00〜23:00、冬季12:00〜17:00、冬季のみ土日曜休、1・2月休
MAP 📍 P.43

Mayan Monkey Mijas
マヤン・モンキー・ミハス

ハッピーを運んでくれるチョコレート

2012年、コンスティトゥシオン広場にチョコレート屋のマヤン・モンキー・ミハスができた時、子どものようにうきうきしたのを覚えています。その後、村の中心、ビルヘン・デ・ラ・ペーニャ広場にこちらの2店舗目がオープンしました。180㎡の敷地にはショップのほか、チョコレートの歴史などを写真で学べるミニミュージアムとチョコレートづくりが体験できる工場もあり、いつも大勢の人でにぎわっています。オーナーは、アイルランド人のエリーさんとイギリス人のジェイソンさんカップル。オーガニックにこだわったカカオ豆を18か国から輸入し、ミハスの蜂蜜、マラガ県の村でとれた果物など地元の味を加えたチョコレートをつくっています。そのチョコレートをベースにしたアイスクリームも大人気。

ミハス産蜂蜜入りダークチョコレート4.95€は、ビタミンたっぷりの花粉入り。

📍 Plaza Virgen de la Peña 15, Mijas
📞 600 088 542 ／ 🌐 mayanmonkey.es
🕐 3〜6・9・10月10:30〜20:30、
　1・2・11・12月10:30〜18:30、
　7・8月10:30〜24:00、無休
MAP 📍 P.43

80年前の機械を使い、お店でつくっているというカラフルなパッケージのチョコレートが並ぶ。

左・食品添加物を一切使っていないアイスクリーム。Málagaはレーズンとマラガワイン入り。／右・完成したチョコレートと証書がもらえる15分間のワークショップ14.95€は、ふたり以上から申し込みできる。

Tomillo Limón
トミージョ・リモン

食卓に吹くレモンタイムの香り

シェフ自ら注文も取りに
来てくれるので、おすす
めをたずねてみて。

入口にはソファ、奥には大テー
ブルもあり家に招かれているか
のようなあたたかい空間。

店名にもなっているレモンタイムでエビを巻き、さ
らにラビオリの皮で巻いて揚げた一品8€。

時間をかけて煮込んだラボ・
デ・トロ（牛テールの煮込み／
Rabo de Toro)のハンバーガ
ー7€。ジューシーでおいしい。

「前職はインテリアデザイナーだったんですか？」と、思わずたず
ねてしまったほど、素敵な内装が印象的なカジュアルレストラン。
はにかんだ笑顔で「インテリアに興味があって……」と答えてくれ
たオーナーシェフのアルバロさんは、元々イタリアンのシェフとし
て働いていたそう。スペイン語でレモンタイムという名前のお店の
コンセプトは、「伝統×新しい風」。アレンジを加えたスペイン料理
を中心に、ギョウザやスリランカ風ひよこ豆スパイシー炒めなど
のインターナショナル料理、パルミジャーノ・レッジャーノを使っ
たポテト料理などがメニューに並んでいます。地元の人たちも集
まる人気店で、食事がおいしいのはもちろん、お店のデコレーシ
ョンがとにかくかわいいので、ぜひ訪ねてみてください。

📍 Avenida Virgen
de la Peña 11, Mijas
📞 951 437 298
🌐 facebook.com/tomillolimonmijas
🕐 12:00〜23:00
（ドリンクとデザートメニューのみ
提供する時間帯あり）、無休
MAP 📍 P.43

ナランホス広場はレストランのテラス席のテーブルでいっぱいで、いつもにぎわっている。

「美しい海」という名の
美しい町

Marbella
マルベージャ

18世紀に改築されたロココ調のドアが特徴のエンカナシオン教会。

上・壁の水色の窓に、「悲しみの聖母」像がある美しいビルヘン・デ・ロス・ドローレス通り。／左・大きな道から路地までいちいちかわいい、旧市街のあちこちで見られる風景。

マラガ市内から西へ57km、地中海に面した27kmのビーチを持つマルベージャは、ヨーロッパ有数の高級リゾート地。世界中のセレブが集まり、高級車が行き交うヨットハーバーのプエルト・バヌスに立ち並ぶ高級ブランド店や、ナイトクラブのイメージばかりが国際的に知られています。けれど一歩旧市街に足を踏み入れるとそこは、別世界。イスラム支配時代の面影が残る町には、おだやかななかにも、ほかのアンダルシアの白い村とはちょっと違った洗練された空気が漂っています。外国人移住者も多く、お店の人たちが英語で話しかけてくれるのもうれしいもの。観光案内所もある旧市街の中心はナランホス広場。広場近くのカルメン通り（Calle Carmen）、ビルヘン・デ・ロス・ドローレス通り（Calle Virgen de los Dolores）などには素敵にテーブルセッティングされたレストランが並び、その軒先にブーゲンビリアが咲き乱れる光景は映画のワンシーンのよう。細い路地もかわいらしく、そぞろ歩きもおすすめです。

プエルト・バヌスへ行くバスは、ラモン・イ・カハル大通りから出ています。そして大通りを渡ると海岸があり、このあたりにもおしゃれなカフェ・レストランが集まっています。

旧市街の南に広がるベヌス・ビーチ。遊歩道があり散歩を楽しめる。

※中心地が旧市街とプエルト・バヌス（Puerto Banús）にあり、タクシーなどで旧市街へ行きたい時は、「カスコ・アンティグオ（Casco Antiguo／旧市街）」と伝えて

マルベージャ旧市街MAP

プエルト・バヌスへは旧市街から1番のバスに乗り約20分。チケット1.18€は乗車時に運転手から購入する。

─ ACCESS ─

マラガから：バスで約45分／**ロンダから**：バスで約1時間20分
※バスターミナルから旧市街までは徒歩約20分

Zoco Zoco Shop
ソコ・ソコ・ショップ

海を向こうのモロッコから

モロッコのスーク（市場）を凝縮したような店内。スタッフもモロッコ出身なので商品にくわしい。

📍 Calle Ancha 1, Marbella
📞 615 184 438
📶 zocozocoshop.com
🕐 10:30〜23:00、無休
MAP 📍 P.50

カラフルなサンダル18€〜やモロッコの伝統的な履物バブーシュ15〜35€も、一つひとつ手づくり。

お店に一歩入るとそこはアラブの世界。地下もある広い店内に、海を越えたお隣の国モロッコから仕入れた雑貨や洋服が隙間なく並んでいます。バブーシュやバスケットなどのファッション小物、タッセルは、おみやげにも最適。持ち帰りづらいランプなどは保証つきで日本にも発送してくれるそうなので、気軽に相談してみてください。

Purolatte
プロラッテ

📍 Calle Notario Luis Oliver 17, Marbella
📞 951 453 059
📶 purolatte.negocio.site
🕐 9:00（土曜10:00）〜24:30、
　 日曜15:00〜24:30、無休
MAP 📍 P.50

海岸近くのおしゃれなカフェ

旧市街中心部からラモン・イ・カハル大通りを渡った先、潮風が通り抜けるエリアにあるカフェ。シーグリーン色がアクセントカラーになったシンプルでセンスのいいディスプレイが目を引きます。定番のアンダルシアの朝ごはんメニューも、どこかおしゃれな感じ。クロワッサンやクレープ、アイスクリームなどどれを食べても上品な味わいで、満足できます。

上・パンとコーヒーの朝食セットは2.50€〜。スペインではめずらしく、アメリカンコーヒー小1.30€、大1.90€もある。／左・マルベージャでいちばんおいしいと評判の手づくりアイス2.30€〜。

La Casa del Té / La Tienda del Té
ラ・カサ・デル・テ／ラ・ティエンダ・デル・テ

お茶のお店でほっこり時間を

お茶の種類は約80種類。クッキー1.20€やアラブのお菓子1€もあるのでお茶のおともに。

色とりどりのエスニックショップの商品は、オーナーのイレネさんがセレクト。

上・目印は白と黄色の壁とブーゲンビリア。おしゃれなお店が集まる通りのなかでも目を引く外観。／右・夏はテラス席でレモネード2.80€やアイスティー2.80€を飲むのが、最高に気持ちいい。

　道の両側にテラス席が連なるアンチャ通り。あたたかい雰囲気に惹かれて入ったお店は、ティーショップとエスニックショップを併設したテテリア（P.169）でした。まだこのあたりにお店が全くなかった1996年にオープン。開店当初は、「テテリアって？」と不思議そうな顔をして通り過ぎていく人が多かったそう。その後、お店で飲んだお茶を家でも味わってほしいとティーショップを、アラビアンな洋服や雑貨も楽しんでほしいとエスニックショップをオープンしました。あたたかいお茶では、オレンジの花香るテ・モルノ（Té Moruno／ミントティー）、冷たい飲みものでは刻んだミントが入ったレモネードとスイカのグラニサード（Granizado／飲むシャーベット）がおすすめです。

📍 Calle Ancha 7, Marbella
📞 639 167 918／🌐 lacasadelte-teteria.com
🕐 テテリア 夏季17:30～翌2:00、冬季11:00～23:00、土日曜17:00～24:00、無休
　　ショップ 夏季11:00～14:00、17:30～翌2:00、冬季11:00～23:00、無休
MAP 📍 P.50

Mia Café
ミア・カフェ

旧市街の魅力を存分に感じられる場所

華やかな一角、ほとんどの人が写真を撮らずにいられないフォトジェニックな小さな広場にあるかわいいカフェ&タパスバル。ブーゲンビリアの花びらがひらひらと舞い落ちるお店の建物全体が、テラス席のようなオープンな空間。そこに差し込むコスタ・デル・ソルの光を浴びながら、ぜいたくなひと時を過ごせます。コーヒータイムには100%オーガニックの食材でつくられたスイーツやナチュラルジュース、コーヒーを。ランチタイムには10€で食べられる大人気の6種類のタパスセットをどうぞ。ビーガン、ベジタリアン、グルテンフリーにも対応しています。

上・限られた数しかないテラス席は大人気。空いていたら迷わず座るのがおすすめ。／右・トッピングを選べる果物とアイスクリームがのったワッフル5.50€。／下・ひとりでゆっくりしたい時はカウンター席もある店内へ。すいている時間帯はランチ後の午後4時前後。

大きめに切られたオーガニックのレモンとオレンジも残さず食べよう！

📍 Calle Remedios 7, Marbella
📞 952 766 675
🖥 facebook.com/
　 MIA-CAFE-321976308487032
🕐 10:00〜24:00、無休
🍴 英語メニュー ○
MAP 📍 P.50

Bar El Estrecho
バル・エル・エストレチョ

コンクール入賞のおいしいタパス

ハモン・イベリコ(イベリコ豚の生ハム)20€は、4大産地のウエルバ県ハブゴ産。

(左から時計まわりに)カタクチイワシの酢漬け、マラガのサラダ、ピピラナ・マラゲーニャなど、マラガの名物料理のタパス2.50€〜。大皿8€〜もあるので大人数の時はシェアを。

上・アンダルシア産のワインやシェリー酒もそろう。グラスワイン2.50€〜。/右・奥にも落ち着くテーブル席が。伝統を保ちながらほどよく新しさも取り入れた装飾が◎。/下・お店の前の道もエストレチョ(幅がせまい)なので、見逃さないで。

📍 Calle San Lázaro 12, Marbella
📞 609 409 336
📶 barelestrecho.com
🕐 12:30〜24:00、無休
🍴 英語メニュー ○
MAP 📍 P.50

　　　高級リゾート地のマルベージャは、食事代が高くつきそう……。そんな不安を吹き飛ばしてくれるのがこちら。おいしいアンダルシア料理をリーズナブルに楽しめます。1954年のオープン以来、地元マルベージャや、マラガ県のタパスのコンクールで数々の賞を受賞。一つひとつのタパスのていねいな味と盛りつけから、つくり手の愛情が伝わってきます。スペイン語で「幅がせまい」という意味のエストレチョという店名をつけたのは、以前は今より、さらにお店の幅がせまく細長かったから。2度の改装で少しずつ広くなったそうですが、それでもコンパクトな店内には、ひとりでも気軽に入れるあたたかい雰囲気が漂っています。

≡ Taberna Gaspar
タベルナ・ガスパル

楽しいおしゃべりとおいしい料理

　メニューは前日の買い出しで、新鮮な素材を見てから決めるので毎日手書き。わいわい話しながら食事を楽しんでほしいからWi-Fiはなし。外国人のお客さんにはスタッフが直接メニューを説明したいから英語のメニューはあえて用意していません。そんなこだわりが詰まったカジュアルレストランで、いつも地元客でにぎわっています。1996年にガスパルさんがオープンし、現在お店を切り盛りするのは娘のカルロタさん。闘牛士の衣装が飾られた壁の隣に若手作家の陶器をおくなど、内装にもメニューにも新しい風を吹き込んでいます。マルベージャいちを自負するスペインオムレツ（Tortilla）や、オレンジ、ポテト、バカラオ（タラ）にザクロも加えたマラガのサラダ（Ensalada Malagueña）はぜひ味わってほしいひと皿です。

「Wi-Fiはないので家族団らんを楽しんで」と書かれた壁には、子どもたちがお店で描いた絵も貼られている。

📍 Calle Notario Luis Oliver 19, Marbella
📞 952 779 098／🛜 tabernagaspar.es
🕐 13:30〜17:00、20:30〜24:00、無休
🍴 英語メニュー ×
MAP 📍 P.50

左・甘口シェリー酒のペドロ・ヒメネスで味つけしたおすすめ自家製プディング。／下・新鮮なものが手に入った時だけメニューに並ぶ地中海のロブスター料理70€（時価）。

ふっくら焼き上がったスペインオムレツ15€は、タパ（小皿）5€もあり。

お客さんとの触れ合いが大好き！何でも聞いてね！

断崖に広がる、
凛とした強さ漂う村

Ronda
ロンダ

10年以上の年月をかけ1793年に
完成したヌエボ橋。ミラフロ
ール側の手前からのびるハイキン
グロードを10分ほど歩くと到着する
ビューポイントからのながめ。

山で囲まれた海抜739mの盆地にある
ロンダ。そこに浮かぶロンダ展望台に
立つと足がすくむ。

「タホ渓谷の街」と呼ばれているロンダは、グアダレビン川の浸食によって生まれた渓谷が村を二分し、断崖の上に築かれた村。切り立った崖に建ち続ける家々を見ると、アンダルシアの白い村のイメージからかけ離れた力強さを感じます。タホ渓谷にかかり、南側の旧市街と北側の新市街を結ぶ高さ約98mのヌエボ橋は「新しい橋」という意味で、その堂々とした姿はどこから見ても圧倒されます。小さな村ですがヌエボ橋を中心に一見似たような風景が広がり、最初は迷ってしまうかもしれません。迷わないで散策するには、旧市街と新市街を頭のなかで区別しておくのがポイントです。

旧市街でおすすめのヌエボ橋ビューポイントは、橋の横にあるアルデウエラ展望台。そして散策は、少し離れたところから橋を望めるクエンカ庭園からはじめましょう。庭園は渓谷沿いの新市街側にありますが、ビエホ橋まで続いているので橋を渡って旧市街に出てください。橋付近は石畳が広がり、アラブ浴場跡やフェリペ5世門など

ロンダ中心部MAP

Hotel Soho Boutique
Palacio San Gabriel
オテル・ソーホー・ブティック・
パラシオ・サン・ガブリエル[P.182]

Estación de Autobuses
バスターミナル

Las Maravillas
ラス・マラビジャス[P.62]

Churreria Alba
チュレリア・アルバ[P.61]

Entrevinos
エントレビーノス[P.63]

Ronda
Gourmet
ロンダ・グルメ[P.60]

Alameda
del Tajo
アラメダ・デル・
タホ公園[P.58]

Boom
ブーム[P.60]

Plaza de Toros
de Ronda
ロンダ闘牛場[P.59]

Jardines de
Cuenca
クエンカ庭園[P.58]

Mirador de Ronda
ロンダ展望台

Puerta de Felipe V
フェリペ5世門

Parador de Ronda
パラドール・デ・ロンダ[P.177]
Puente Nuevo
ヌエボ橋

Puente Viejo
ビエホ橋

Mirador de Aldehuela
アルデウエラ展望台

Casa del
Rey Moro
ムーア王
の館

Baños
Árabes
アラブ浴場跡
[P.59]

Hoya del Tajo
オヤ・デル・タホ

Iglesia de Santa María la Mayor
サンタ・マリア・ラ・マヨール教会

El Morabito
エル・モラビト[P.61]

歴史を感じる建物があります。城壁からながめる景色もおすすめです。

新市街で見逃せないのは闘牛場。その近くにはロンダ展望台、アラメダ・デル・タホ公園があり、素晴らしい景色が望め、村が大自然に囲まれた岩の上に浮かんでいることを実感します。鉄道駅やバスターミナルも新市街に。ショッピングやバルを探す時は、カレラ・エスピネル通り(Calle Carrera Espinel)を目指してください。

ビエホ橋への入口にあるフェリペ5
世門。1741年ヌエボ橋が崩壊、再
び橋が重要な役目を担うようにな
り門も改築された。

左・石畳や坂が多いので歩きやすい靴、服装で散策するのがおすすめ。／下・自由に上れる城壁。整備されていない箇所もあるので気をつけて。

ACCESS

マラガから：鉄道で約2時間
　　　　　　バスで約2時間15分
マルベージャから：バスで約1時間20分
セビージャから：バスで約2時間
コルドバから：鉄道で約1時間50分

Alameda del Tajo
アラメダ・デル・タホ公園

大自然に浮かぶ展望台

　ロンダ山脈、そしてヌエボ橋を下から撮影できるポイントとして知られるオヤ・デル・タホを見渡せ、大パノラマが目の前に広がります。その雄大な景色にため息がこぼれるはず。そんな展望台としてのイメージが強いこの公園は、19世紀はじめにつくられました。園内には多くの植物が植えられ、小鳥たちのさえずりが響き、地元の人たちの憩いの場にもなっています。

上・ここから見えるもっとも深いところはおよそ200m下。そんな断崖に村があることにあらためて驚く。／左・ロンダの子どもたちはみんなここで遊ぶ、市民の思い出がつまった公園。園内にはマラガ県の本にも掲載されている樹齢200年以上の大木もある。

♀ Paseo Blas Infante 1, Ronda ／ ☎ 952 873 240
🕐 1〜5月・9月16日〜12月9:00〜22:00、
　 6月〜9月15日8:00〜24:00、無休
MAP ♀ P.57

上・橋上部の真横から見るヌエボ橋は、上から見るのとはまた違った迫力が。／左・14世紀につくられた鉱山もある18世紀の邸宅、ムーア王の館が正面に。

Jardines de Cuenca
クエンカ庭園

タホ渓谷の断崖に切り込むテラス

　新市街側のタホ渓谷の岩上に、階段状のテラスとしてレイアウトされた庭園。前方右手奥からヌエボ橋が迫り、すぐ向かい側にはムーア王の館、左を向くとビエホ橋が。そして夏には、下を向くとグアダレビン川で涼を取っている人たちが、豆粒のように小さく見える渓谷の谷底が見えます。まさにロンダの絶景を一度に楽しめるぜいたくな場所です。

ヌエボ橋からビエホ橋まで続くように広がっている。広さは3000㎡ほど。

♀ Calle Escolleras 1, Ronda
🕐 1〜5月・9月16日〜5月9:00〜22:00、
　 6月〜9月15日8:00〜24:00、無休
MAP ♀ P.57

Plaza de Toros de Ronda
ロンダ闘牛場

スペイン最古の闘牛場のひとつ

ヌエボ橋の建築家が設計。ネオクラシック様式の柱とアラビア様式の屋根が特徴的。152626884 © Arenaphotouk | Dreamstime.com

📍 Calle Virgen de la Paz 15, Ronda／📞 952 874 132
🌐 rmcr.org/es/plaza_museo_patrimonio_arquitectura.html
🕐 10:00〜15:00、月日曜休
💶 8€／MAP 📍 P.57

1785年に完成した歴史ある闘牛場。フランシスコ・ロメロ(1799年まで現役で活躍した地元出身の有名闘牛士、ペドロ・ロメロの祖父)が18世紀に、今の闘牛スタイルを確立。ロンダは闘牛士が赤い布を持って牛の興奮をあおる近代闘牛の発祥地として有名になりました。現在闘牛が見られるのは9月のお祭りの時のみですが、博物館が併設された闘牛場は1年中見学できます。

古代ローマの浴場の伝統を受け継ぎ、低温、微温、高温の3タイプの浴室に分かれていた。

Baños Árabes
アラブ浴場跡

時が止まった癒しの空間

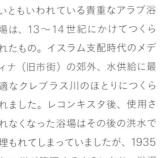

スペインでもっとも保存状態がいいともいわれている貴重なアラブ浴場は、13〜14世紀にかけてつくられたもの。イスラム支配時代のメディナ(旧市街)の郊外、水供給に最適なクレブラス川のほとりにつくられました。レコンキスタ後、使用されなくなった浴場はその後の洪水で埋もれてしまっていましたが、1935年に州が管理するようになり、浴場跡としてよみがえりました。

向こうに見えるビエホ橋までは石畳の坂でつながっている。

洪水後、ある貴族が庭をつくろうとするまで土に埋もれていた屋根部分(写真奥)。

📍 Calle San Miguel s/n, Ronda／📞 656 950 937
🕐 10:00〜18:00 (日曜15:00)、月〜水曜休
💶 3.50€／MAP 📍 P.57

Boom
ブーム

バレンシアのブランドAnartxyのピアス18€〜。色のトーンがかわいい。

旅の続きが楽しくなるアイテム

風になびくあざやかなワンピースやかごバッグ。南スペインの風景に似合うものばかりを集めたこちらは、国内デザイナーが手がけたファッションアイテムのセレクトショップです。さらりとした素材のワンピースに、普段は選ばないカラフルな色のピアスをつけて、麦わら帽子をかぶって……と、すぐに着替えて通りを歩きたくなる素敵なアイテムに出会えます。

📍 Carrera Espinel 57, Ronda
📞 952 871 998
🌐 facebook.com/boom.ronda.5
🕐 10:00〜14:00、19:00〜21:00、日曜休
MAP 📍 P.57

バルセロナのブランドLingamの着心地のいいワンピースや、バレンシア州アリカンテのSimó Sastreのかごバッグが並ぶ。

Ronda Gourmet
ロンダ・グルメ

📍 Carrera Espinel 46, Ronda
📞 610 705 897
🕐 10:00〜21:00、無休
MAP 📍 P.57

ロンダの「おいしい」をお持ち帰り

店内にところせましと並べられているワイン、オリーブオイル、チーズ、生ハム、蜂蜜——。地元の食品を中心に、アンダルシア各地でつくられたものが豊富にそろいます。おみやげを買いたいけれど何がいいかわからない時も、ここに来れば気になるものが見つかるはず。ただし生ハムは日本に持ち込めないので、スペイン滞在中に味わいましょう。

上・ロンダのグルメに欠かせない生ハム、ソーセージ、山羊のチーズ、ワインや野菜の瓶詰めも。／左・カディス県との間にあるグラサレマ山脈原産パヨヤ山羊のチーズ6.90€。

Churreria Alba
チュレリア・アルバ

ぐるぐるチュロスは伝統の味

地元の人に人気のテラス席。リラックスしたい時は2階席へ。

📍 Carrera Espinel 44, Ronda
📞 679 275 844
🕐 8:00〜16:00、無休
MAP 📍 P.57

ナイフやフォークはついてこないので、手でちぎって食べるのがアルバ・スタイル。一人前1€。

創業75年のロンダでいちばん歴史あるチュレリア。町のメイン通りにあることも手伝って、地元の人たちはもちろん、日本やアジアの国々からのお客さんも多いそう。アルバのチュロスは、ほかのアンダルシアの町と同じく、ポラスと呼ばれる太くもっちりしたタイプ。一人前はウナ・ルエダ（輪）といい、ぐるぐる巻いた輪のまま出てきます。

El Morabito
エル・モラビト

📍 Plaza de María Auxiliadora 4, Ronda
📞 673 343 893
🌐 elmorabito.negocio.site
🕐 11:00〜16:00、19:00〜至1:00、月曜11:00〜16:00、火曜休
🍴 英語メニュー ○／MAP 📍 P.57

素敵な邸宅で夢のようなひと時を

ちょっと値段が高めのタパス3.50€は、ドリンクのおつまみ感覚で。

地元の名家マルトス家の邸宅につくられたお店。ロンダ山脈とヌエボ橋を望める豪邸の1階と庭、広いテラスがレストラン・タパスバルになっています。ステーキなどは一人前の料理ですが、エビのアヒージョなどのスペイン料理はタパ（小皿）もあります。装飾品もセンスが光り、歴史あるミュージアムに迷い込んだ気分になります。村の中心部から歩いて5分ほど。

上・アラメダ・デル・タホ公園、アルデウエラ展望台、パラドールも見渡せる。／左・1階のエントランスを入ったところにある部屋。個人宅に遊びに来ていると錯覚しそう。

Las Maravillas
ラス・マラビジャス

📍 Carrera Espinel 12, Ronda
📞 666 219 462
🌐 lasmaravillasronda.com
🕐 12:30〜23:30、無休
🍴 英語メニュー ○
MAP 📍 P.57

左・地元の人たちと観光客
でにぎわう。どんなにいそ
がしくてもスタッフの気配りが
素晴らしい。／下・今まで食
べたサルモレホ(Salmorejo)
の創作料理で、3本の指に
入るおいしさ。まろやかさと
香ばしさが◎。

アイデアあふれる郷土料理を

　オーナーのひとりであるラファエルさん
がこだわっているというクオリティの高い
料理とお手頃な価格、そして便利な立地
と3拍子そろったレストラン。洗練された
外観と店内の雰囲気、村のメインストリ
ート沿いという場所柄、ちょっと高級なお
店かと思いきや、実は全く反対で、グラ
スワイン2.40€、小皿料理は1.20€か
らとリーズナブルで良心的。普通の一人
前料理が中心ですがタパスも充実してい
て、小腹がすいた時も気軽に入れます。
アンダルシア料理にこのお店ならではの
ちょっとしたアレンジを加えたフュージョ
ン料理は、日本人の口に合うものばかり。
ぜひ試してほしいのは、マスカルポー
ネのアイスとパウダー状の生ハムがトッピン
グされたサルモレホ (Salmorejo con
helado de mascarpone y virutas de
jamón)。

郷土料理以外
でおすすめは、
ピーナツソース
がほんのり甘
い鶏肉のサテ
のバスマティ米
添え2.60€。

きっと満足してもらえると
思うので、
ぜひ食べに来て！

Entrevinos
エントレビーノス

ロンダのワインはすべてここに

📍 Calle Pozo 2, Ronda
📞 672 284 146
🛜 facebook.com/entrevinosronda
🕐 20:00〜24:00、日曜休
🍴 英語メニュー ○
MAP 📍 P.57

左・「ロンダにはたくさんのおいしいワインがあるので知ってほしい」とオーナーのオスカルさん。／下・どれもおいしいタパス。とくにおすすめはイカスミパスタのアリオリ添え（Fideos negros, chipirón y alioli）2€。

お店の奥にはたくさんのワインが。ボトルを見て選んでもOK！

お店のおすすめワインのひとつ、ニーニョ・レオン（Niño León）。フルーティーでさわやかな味わい。

　お店の名前の通り、「ワインとワインの間に」タパスを楽しむバル。店内の壁に並ぶワインは地元の約25のワイナリーのもので、すべてロンダ産。どれを注文すればいいか迷った時は、スタッフに相談を。好みをていねいに聞いてくれ、おすすめのワインを選んでくれます。グラスワインは2€からあるので、気軽にいろいろ試飲してみましょう。ほとんどが地元産の食材を使っているというタパスも、こだわりが感じられ上品な味わい。値段も1〜2.5€と財布にやさしく、肩ひじ張らずに気軽に味わうことができます。ロンダで必ず訪れてほしいお店です。

地中海に浮かぶ
「バルコニー」

Nerja
ネルハ

ヨーロッパのバルコニーの手
前には大きな広場があり、ベン
チでゆっくりできる。夕暮れ時
にはギターの音が聞こえること
もあり幻想的。

活気あるビーチに行きたい
なら、砂浜が広がり開放的
なブリアナ・ビーチへ。ネル
ハではメレンデロともいうチ
リンギートが並ぶ。

おみやげ店や洋服店が集まる
ピンタダ通り(Calle Pintada)。

ヨーロッパのバルコニーから見た小さなビーチが連なる海岸。手前はカラオンダ・ビーチ。

エルナンド・デ・カラベオ通り。ホテルやレストランも多いけれど静かなので、散歩に最適。

ACCESS

マラガから：バスで約1時間15分

※バスはマラガ港近くのバスターミナル、またはマラガ・マリア・サンブラーノ駅近くのバスターミナルから乗車。運行本数は多いがルートにより所要時間は約45分から2時間と差があるので必ず確認を。自由席で人が多いと座れないこともあるので、時間に余裕があれば始発のマラガ・マリア・サンブラーノ駅近くから乗車するのがおすすめ

ネルハ中心部MAP

マラガ市内から海岸線を東へおよそ48km行くと、ネルハというのどかな村が見えてきます。とくに北ヨーロッパからの観光客に人気が高いリゾート地で移住者も多く、イギリス人が人口の3分の1を占めているといいます。あまり手を加えられていない素朴さがネルハの魅力。私はいつも、とくに予定を決めず海沿いをぶらりと散策しながら過ごしています。

そんなネルハを象徴するスポットは、9世紀の古い要塞跡につくられた「ヨーロッパのバルコニー」と呼ばれる展望台。抜けるような青い空と地中海のパノラマが広がり、写真を撮ったり、おしゃべりしたり、思い思いに楽しむ人たちが集まっています。とくに夕暮れ時、波の音が聞こえるなか、あたり一帯がオレンジ色に染まっていく世界は圧巻です。海岸線は崖になっていて、その下に小さなビーチが連なっているのも魅力のひとつ。海岸に沿って展望台から東、パラドール方向へ続くエルナンド・デ・カラベオ通り（Calle Hernando de Carabeo）は、おすすめの散歩道。道沿いにいくつかの小さな見晴らし台と海に続く階段があり、ビーチにも自由に下りることができます。そしてコンペタ通り（Calle Competa）にあるパラドールを越えるとチリンギートでにぎわうブリアナ・ビーチに到着します。

ミシンの前に座る
サラさんの頭のなか
は、アイデアで
いっぱい。

El Olívar Atelíer
エル・オリバル・アトリエ

エコ、リサイクル、手づくり

村の中心エル・サルバドル教会
のすぐ近くにある素敵な雑貨店。
スペイン在住12年目のフランス人
サラさんが、10年前からあたため
ていたコンセプトをもとに2020
年にオープンしました。自らデザ
イン、製作したアクセサリーやお
しゃれで機能的なバッグなどのほ
か、地中海の町でつくられている
エコロジーブランドの石鹸やクリ
ームなども取り扱っています。

📍 Calle Gómez 2, Nerja
📞 672 019 767
📶 www.facebook.com/
　　El-Olivar-Atelier-108432007529715/
🕐 10:00〜14:30、17:00〜23:30、無休
MAP 📍 P.65

タオル地の携帯石鹸ケース、パ
レオ、布製の小物入れなど旅行
に便利なグッズも。

オレンジ、ポピーの種、地中海の塩な
どが入ったボディスクラブ7€〜（右）
と石鹸7€（左）。

Anahi Café
アナイ・カフェ

📍 Calle Puerta del Mar 6, Nerja
📞 952 521 457
📶 facebook.com/pages/
　　Anahi/148681035181062
🕐 8:00〜23:30、無休
MAP 📍 P.65

地中海の風に吹かれて朝食を

ネルハを訪れる旅行者なら
みんなが通る、プエルタ・デ
ル・マル通りにあるカフェ。せ
まい入口を入ると奥にはテラス
席が。前方にヨーロッパのバル
コニー、視線を下に向けると
カラオンダ・ビーチを見渡せる
ぜいたくなロケーションです。
とくに朝日が差し込む時間帯が
気持ちいい。テラス席は大人
気なので、開店と同時に行くの
がおすすめです。

上・朝食メニューはコーヒー1.60€と
トースト1.70€のほかに、ベーコンエ
ッグ4.70€やオムレツ4.50€など充
実のラインナップ。／右・ナポリターナ
(Napolitana)（写真上段）というチョ
コデニッシュも朝ごはんに人気。

Parador de Nerja Cafetería
パラドール・デ・ネルハ・カフェテリア

パラドールのカフェで喧騒を忘れて

左・すっきりした甘さのトニックウォーター3€は夏におすすめ。／右・海岸のにぎわいが嘘のような静けさ。1泊してのんびりするのもいい。

レストラン＆カフェの横にはプールも。小鳥のさえずりと、水と戯れる人たちの声をBGMにうとうとしそうな午後。

📍 Calle Almuñécar 8, Nerja／📞 952 520 050
📶 parador.es/en/paradores/parador-de-nerja
🕐 夏季11:00〜24:30、冬季11:00〜24:00、無休
🍴 英語メニュー ○
MAP 📍 P.65

ネルハでいちばんにぎわうブリアナ・ビーチに面した崖の上に立つパラドール（国営ホテル）。宿泊客以外も利用できるレストラン＆カフェのテラス席からは、パラドールの庭園と地中海が一望できます。芝生の緑と青い海と空のコントラストが目の前に広がる癒しの空間で、のんびりカフェタイム──。そんな優雅な午後を過ごしてみて。

Mum Indian Restaurant
マム・インディアン・レストラン

国際色豊かなネルハでインド料理

ネルハに11軒あるインディアンレストランのうちいちばん人気を誇るレストラン。「インドのお母さんの味を」とこの名前がつけられました。実際は家庭料理より洗練された味わいで、とくにランチメニュー10.95€がおすすめです。前菜、メイン料理にデザートがつき、それぞれ4、5種類のなかから選べるので、違うものを頼んでシェアするのも◎。

📍 Calle Pintada 3, Nerja
📞 952 063 682／📶 mumnerja.com
🕐 13:00〜24:00、無休／🍴 英語メニュー ○
MAP 📍 P.65

上・ランチセットのメイン料理二人前。選べるナン、ライスも量がしっかりあっておいしい。／左・インドの伝統的レシピでつくられたコブラビールも一緒に。スパイシーな料理に合う。

真っ白な壁と石畳と
ブーゲンビリア

Frigiliana
フリヒリアナ

左・カラフルだけど喧嘩していない色彩のドアたち。花や表札のタイルにもセンスのよさを感じさせる。／下・レアル通り沿い、古い噴水のすぐ手前右の坂を上ると広場があり、この階段が続いている。

フリヒリアナが近くにあるから──。マラガを離れられない理由を、私はいつもそう答えていました。もちろんそれだけではありませんが、理由のひとつであったことは確かです。どこよりも白い壁の家々が細い道に連なり、手入れの行き届いた花々が飾られています。時が止まったように静かな村は、はじめて訪れて以来、私のスペインでいちばん好きな白い村であり続けてくれています。

ネルハの北およそ7km、海抜約300mにあるフリヒリアナは、1982年に「スペインで最も美しい村」のひとつに選ばれた人口約3000人の小さな村。かわいい模様の石畳、いつ見ても真っ白い壁、素敵

ペニョンの小道（Callejón del Peñón）の展望台からの景色。アルミハラ山脈から地中海まで見渡せる。

なトーンの彩りあふれるドアなど、イスラム文化の遺産である旧市街の美しい街並みが保たれているのは、村と住人が愛情をたっぷり注いでいるからです。村は旧市街と新市街に分かれていて、観光案内所がちょうど真ん中に。見どころはすべて旧市街にあります。メインストリートはおみやげ店やカフェ、バル、教会があるレアル通り。ここから小さな階段や坂道がいくつかのびています。花の香りに包まれた、迷路のように入り組んだ石畳の坂道に迷い込み、気がつくと展望台近くへ。シンプルでありながら、とてもぜいたくなフリヒリアナでの過ごし方です。旅行の時期を選べるのなら、ブーゲンビリアが咲きこぼれる春から夏にかけてがおすすめです。

いつ行っても真っ白い壁が迎えてくれる。石畳で坂が多いので歩きやすい靴で出かけて。

フリヒリアナは、アンダルシアを旅しているとおみやげ店で必ず目にする糖蜜（Miel de Caña）の生産地としても知られています。ヨーロッパで唯一のサトウキビ糖蜜工場があり、アラビア人から伝わった伝統ある方法で現在もつくり続けています。

糖蜜はアンダルシア料理のナスのフライやスイーツによく使われる。工場（写真右）は1630年につくられた。

空まで続いていきそうな道。村のあちこちにかわいい景色が広がっている。

上・村人と動物のために1640年につくられた「古い噴水」という名の村でもっとも古い噴水。／左・8世紀から15世紀までモスクだった建物を改築したサン・アントニオ教会。

上・1569年のイスラム教徒の反乱を説明したタイル画。／左・展望台があるサント・クリスト通り（Calle Santo Cristo）にあるブーゲンビリアのトンネル。

フリヒリアナ旧市街MAP

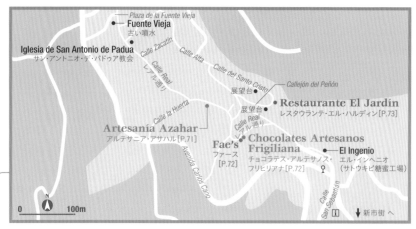

Plaza de la Fuente Vieja
Fuente Vieja
古い噴水
Iglesia de San Antonio de Padua
サン・アントニオ・デ・パドゥア教会
Calle Zacatín
Calle Alta
Calle Real
レアル通り
Calle del Santo Cristo
展望台
Callejón del Peñón
Calle la Huerta
展望台
Restaurante El Jardín
レスタウランテ・エル・ハルディン[P.73]
Artesanía Azahar
アルテサニア・アサハル[P.71]
Calle Real
アル通り
Fae's
ファース
[P.72]
Chocolates Artesanos
Frigiliana
チョコラテス・アルテサノス・フリヒリアナ[P.72]
El Ingenio
エル・インヘニオ
（サトウキビ糖蜜工場）
Avenida Carlos Cano
Calle San Sebastián
0　　100m
N
新市街 へ

マラガから：バスで約1時間10分〜（ネルハで乗り継ぎ）

✤マラガ〜ネルハ間のアクセスはP.65参照。ネルハのバスターミナルに着いたら反対車線側へ移動。フリヒリアナ行きのバスは進行方向前方のバス停から出発する。所要時間は約15分。チケットは乗車時に運転手から購入する。本数が限られているので、帰りの時間を確認しておくことを忘れずに

Artesanía Azahar
アルテサニア・アサハル

あざやかなハートのオーナメント4.50€〜は、おみやげにもよろこばれそう。

絵本の世界にあるような雑貨屋

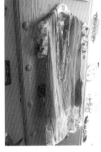

左・うちに飾りたくなる雑貨がいっぱい。奥の扉の向こうには地中海が。買いものしながら昔の邸宅からのながめも楽しんで。／右・コットン100%の着心地のよさそうなチュニック。白い村の散策にいかが？

　私がフリヒリアナへ行く楽しみのひとつは、この雑貨屋を訪ねること。建物の青いドアは、オーナーのセンスあるデコレーションで行くたびに違う表情を見せてくれます。レアル通りから見える真っ白な壁と青枠の窓に飾られた陶器や花もフォトジェニック。誰もがときめき、こんな家に住んでみたいとあこがれを抱く場所です。店内にはアンダルシアの陶器、シルバーアクセサリーをはじめ、素朴であたたかみのあるインテリア雑貨などがところせましと並べられています。つい目移りしてしまいますが、おみやげにぴったりな小物もたくさんあるので、じっくり探してみましょう。

上・17世紀にはある伯爵の邸宅だったという建物。こんな窓がほしいとここを通るたびに思う。／左・2階には少し落ち着いた色合いのものを集めたコーナーが。陶器の子猫の置物15.50€。

📍 Calle Real 81, Frigiliana／📞 952 533 471
🕐 10:30〜17:00, 無休／MAP 📍 P.70

Chocolates Artesanos Frigiliana
チョコラテス・アルテサノス・フリヒリアナ

糖蜜入りの手づくりチョコレート

上・おみやげにぴったりな糖蜜入りチョコレート2.90€。ダークチョコレートなので真夏でも比較的溶けづらいそう。／左・チョコレート入りオーガニックルイボスティーは、アンダルシア州の保証つき。

オーガニックカカオを使った手づくりチョコレートのお店。長年糖蜜づくりに携わってきた奥さんの家族の技術をいかしたいと、夫のハビエルさんが2014年にオープン。オリジナルチョコレートは30種類以上あり、おすすめはフリヒリアナの糖蜜入りと、アンダルシアならではのオリーブ入り。ほかにもチョコレートが入った石鹸やお茶などチョコレートづくしの店内に笑顔がこぼれます。

📍 Calle Real 27, Frigiliana
📞 669 209 056
🌐 facebook.com/chocolatesartesanosfrigiliana
🕐 夏季10:30〜15:00、18:00〜22:00、
　　冬季10:00〜17:00、無休
MAP 📍 P.70

Fae's
ファース

上・ワッフルはコーヒーの上にのせてやわらかくしてから食べるのが◎。ワッフル&コーヒー20€。／右・お店の脇の階段を少し下りたところにもテーブルがある、テラス席ふたつのみの小さなお店。

ストロープワッフルは糖蜜の味

のんびり暮らすためにフリヒリアナに移住してきたというオランダ人夫婦が経営する小さなカフェ。スイーツ、そしてお店で売られているアクセサリーも、すべてふたりの手づくりです。なかでも試してほしいのがストロープワッフル。オリジナルはワッフル生地にシロップがはさんでありますが、ファースのワッフルには糖蜜がはさんであります。

📍 Calle Real 31, Frigiliana
📞 667 004 467
🕐 10:00〜16:00、月曜休
MAP 📍 P.70

Restaurante El Jardín
レスタウランテ・エル・ハルディン

真っ白な村を見下ろすテラスで

展望台近く、フリヒリアナの家並みと地中海のパノラマを望めるレストラン。ハルディン（庭）という名の通り、一軒家の庭のような広いテラス席で小鳥のさえずりを聞きながら、ゆったりと食事を楽しめます。地元の旬の素材を存分に使ったオリジナリティあふれる地中海料理は、季節によって少しずつメニューが変わります。フリヒリアナのクラフトビール、ラ・アクサルカ（La Axarca）もぜひ。私がもっともフリヒリアナらしいと感じるこのレストランで、あわただしい旅のスケジュールをしばし忘れてまったり過ごしてみてください。

上・太陽と村の美しさを堪能できるテラス。寒い日は、大きな窓から十分ながめを楽しめる室内へ。／右・この景色に出迎えられると、入らずにはいられない素敵なエントランス。

上・デザート7€〜も季節によってメニューが変わる。この日はイチジクのプリン。／下・メイン料理13€〜には、カレーなどのアジア料理、フムスなどアラブ料理のエッセンスも。

📍 Calle del Santo Cristo, Frigiliana
📞 952 533 185
🌐 thegardenfrigiliana.com
🕐 12:00〜15:30、19:00〜22:30、
　　日曜12:00〜16:00、月曜休
🍴 英語メニュー ○
MAP 📍 P.70

アンダルシアの
白い村

南スペインを訪れる多くの人を惹きつける、緑に浮かぶ白い壁の村々。
その白壁は、疫病を防ぐために石灰を塗ったことから定着し、
日光を反射するので家のなかを涼しく保ち、
夏の酷暑からも守ってくれるといいます。旅の日程に余裕があれば、
訪れてほしいいくつかの素敵な村をご紹介します。

MAP ♀ P.6

ラ・カサ・デル・カリファ(La Casa del Califa)という
素敵なホテルのテラスから見た風景。

Vejer de la Frontera
ベヘール・デ・ラ・フロンテーラ

カディス県

　カディス県の南西に位置し、中心部はバルバテ川
が流れる190mの丘にあります。白壁にブラックのア
イアンレースのバルコニーが印象的な家並みは気品
があり、ほかの白い村とくらべて落ち着いた雰囲気。
村の中心部から9kmのところにはビーチもあります。

🛜 turismovejer.es

セビージャから：バス(Comes社)で約3時間

Arcos de la Frontera
アルコス・デ・ラ・フロンテーラ

カディス県

　アルコスはスペイン語でアーチを意味し
ます。せまい通りのあちこちにアーチがある
かわいらしい村で、カビルド広場のアーチが、
夕日に照らされオレンジ色に染まる光景はロ
マンチック。県都カディス市から東北へ約
67km、岩の上に広がっています。

🛜 turismoarcos.es

セビージャから：バス(Damas社)で約2時間

グアダレテ川によってできた岩の上に佇む村。
旧市街のせまい道はなんとか車が通れるほど。

Setenil de las Bodegas
セテニル・デ・ラス・ボデガス

カディス県

村で普通に見られ
る風景。建物に入
ると岩が壁の一部
になっていてさら
に驚く。

　大きな岩の下に建物があり、岩が屋根の
ように覆う通りにバルのテラス席が並ぶ光
景はインパクト大。グアダルポルクン川の
水が形成した峡谷にあることから、独特な
姿をしています。カディス県の北東の端に
あり、カディス市から157km、マラガ県の
ロンダから北へ約18km。

🛜 turismodesetenil.com

マラガから：バス(Damas社
ほか)で約1時間45分

Casares
カサレス
マラガ県

　マラガ県の西部、ロンダ山脈とコスタ・デル・ソルの間にある村。海岸沿いの村エステポナまで約16kmで、海抜435mの村からは晴れるとアフリカ大陸が望めます。素朴さが残る村は坂や階段が多く、路地からどんな景色があらわれるのかわくわくします。

🛜 casares.es/turismo

マラガから：バス（Avanza社）でエステポナ（Estepona）などで乗り継ぎ 約3時間20分

路地歩きを楽しみながら坂を少しずつ上って頂上へ。カサレス城跡からのながめは見事。

Cómpeta
コンペタ
マラガ県

　マラガ市から北東へ約56km、フリヒリアナもあるアクサルキア地方に属しています。シエラス・デ・テヘダ・アルミハラ・アラマ自然公園そばの海抜約638mにあり、車で上る道はかなりスリル感が。ハイキングコースも充実しています。

🛜 competa.es

マラガから：バス（Carlos社）でサラレス（Salares）まで約1時間50分、タクシーに乗り換え約15分

白い家々の中央にあるのが、アクサルキア大聖堂として知られるアスンシオン教会の塔。

アンダルシア唯一の青い村へ

　白い村が散在するアンダルシアに、ひとつだけ青い村があります。ロンダ山脈に位置するマラガ県の白い村フスカル（Júzcar）が、突然、青い村になったのは2011年のこと。ベルギー発のコミックのキャラクターで、青い肌が特徴的なスマーフの映画をPRする村「スマーフタウン」に選ばれたからです。現在はその役目を終えていますが、青い村はそのまま。白い村とはまた違った、さわやかなスカイブルーが新鮮です。

🛜 juzcar.es

ロンダから：
バス（Lara社）で約20分

約9,000kgの塗料を使い、教会や墓地なども含め村の建物すべてを青く塗ったそう。

アンダルシアの聖週間
セマナ・サンタ

　カトリックの国スペインでとても重要なイベント、セマナ・サンタ (Semana Santa)。イエス・キリストの復活祭前の一週間、キリストの受難から復活までを山車で再現したプロセシオンと呼ばれる行列が、音楽隊と信者を伴って町を縦断します。スペインのなかでも、とくにアンダルシアで盛り上がり、なかでもセビージャとマラガのプロセシオンが有名です。スペイン各地や海外から多く

上・プロセシオンが通る道沿いの建物のバルコニーは特等席。期間中だけ部屋を貸す人も。／左・船でマラガ港に到着した「兵士たち (Los Legionarios)」が行進する人気のCristo de Menaというプロセシオン。

の人が訪れ、町が一年でいちばんにぎわう1週間になります。普段は教会におかれているキリスト像やマリア像をのせた山車が担ぎ出され、通りを練り歩く様子は圧巻。宗教行事というと荘厳なイベントを想像するかもしれませんが、アート＆ショー感覚で大勢の観光客が見物に訪れます。

　復活祭は春分の日の後、最初の満月の次の日曜に行われ、月の満ち欠けにより毎年日程が変わります。復活祭の1週間前にはじまるセマナ・サンタもしかり。ぜひ旅のスケジュールを合わせて、セマナ・サンタを通してスペインの伝統文化に触れてみてください。

町のショップやバルなどで、イティネラリオ (Itinerario) という無料のパンフレットをもらおう。

各町でスタイルや見どころが変わるプロセシオン。コルドバではすべてメスキータを通る。

上・店もデコレーションもセマナ・サンタ仕様になり町中が盛り上がる。／右・期間中に食べる、甘〜いフレンチトーストのようなお菓子、トリハス (Torrijas)。

Sevilla

セビージャ

スペインが
凝縮された州都

Sevilla
セビージャ

スペインにやって来た──。マドリードに住んでいた頃、はじめてセビージャを訪れた時の心おどる感覚を、今でもはっきり覚えています。大聖堂、フラメンコ、闘牛、老舗のバル……そんな、私たちが想像する「スペイン」が凝縮された町。もちろん、これらだけがスペインならではというわけではありませんが、もし1都市だけ訪れて、スペインらしい体験を満喫したいなら、アンダルシアの州都、セビージャをおすすめします。

セビージャは内陸部の町ですが、中心には大西洋に続くグアダルキビル川が流れ、古くから港湾都市として発展しました。川の東側が旧市街で、大聖堂の隣にインディアス総合古文書館、アルカサル、そして川沿いに黄金の塔、闘牛場といった歴史的建築物が集まっています。ぶらりと散策するならアルカサルの北側の迷路のような路地に白壁の建物が連なる、かつてはユダヤ人の居住地だったサンタ・クルス街へ。水の小道を意味するア

上・たくさんのバルや広場もあるサンタ・クルス街は休みながら散策して。/左・アグア通りには作家ワシントン・アーヴィングが住んでいた家も。

大聖堂（手前）、インディアス総合古文書館（中央右）アルカサル（中央左）が集まる旧市街。ヒラルダの塔からのながめ。

メトロ&トラムの利用方法

　東西にメトロが走っていてアルカサル近くにも駅があるので、ホテルの場所によっては利用すると便利。1路線のみですが3区間に分かれていて、同じ区間内での移動は1.35€、2区間にまたがる場合は1.60€。滞在中、複数人で、または頻繁に利用する場合は、お得なボノメトロ（Bonometro）というチャージ型のカードがおすすめ。同じ区間内での移動が0.82€になります。ほかに4.50€で1日乗り放題のボノ・デ・ウン・ディア（Bono de un día）も。

　また旧市街中心部には、メトロセントロ（Metrocentro）と呼ばれるトラムが走っています。停車場は5つしかありませんが中心部からスペイン広場へ行く際、最寄りのPrado San Sebastiánの停車場まで乗るという選択肢も。ただしトラムを降りてから広場まで10分ほど歩かなければなりなりません。チケット1.40€は停車場の券売機で購入します。

セビージャらしいタイル使いの中庭が印象的なムリーリョの家。

Casa de Murillo
ムリーリョの家

📍 Calle Santa Teresa 8, Sevilla
📞 955 470 429
🌐 murilloysevilla.org
🕐 1〜5・10〜12月10:00〜20:00
　（日曜・祝日18:00）、月曜休
　6〜9月10:00〜14:00、
　18:00〜21:00、月曜休
💶 無料／MAP 📍 P.81 C-3

　グア通り（Calle Agua）は、アルカサルに供給していた水道管が通っていた城壁沿いの風情ある通り。またサンタ・テレサ通り（Calle Santa Teresa）にはセビージャを代表する画家ムリーリョが晩年を過ごした家があり、見学できます。白壁にはめ込まれたタイルや鉢植えがおかれた建物の窓がかわいい地区です。ショッピングには、シエルペス通りやテトゥアン通り（Calle Tetuán）などのヌエバ広場周辺へ。そしてアルテ（芸術）あふれるセビージャを感じたくなったら川を渡ってトリアナ地区へ。陶芸やフラメンコ文化を身近に感じることができます。

─── ACCESS ───

マラガから：鉄道で約2時間／バスで約2時間45分
コルドバから：鉄道で約45分／バスで約2時間10分
グラナダから：鉄道で約2時間25分／バスで約3時間
※セビージャ・サンタ・フスタ駅から旧市街までは、32番の市バスに乗りメトロポール・パラソルがあるエンカナシオン広場そばまで約10分、そこから大聖堂までは徒歩約12分。料金は1.40€。乗車時に運転手からチケットを購入する

上・セタス（Setas／キノコ）という愛称で呼ばれているメトロポール・パラソルは、世界最大の木造建造物。／右・黄色と青を基調としたタイルが、町のあちこちにある。

セビージャ中心部ＭＡＰ

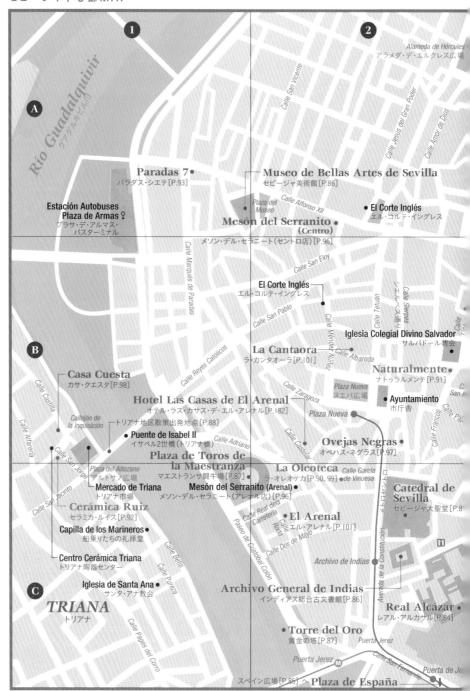

❶

❷

Alameda de Hércules
アラメダ・デ・エルクレス広場

Rio Guadalquivir
グアダルキビル川

Ⓐ

Paradas 7 ●
パラダス・シエテ[P.93]

Museo de Bellas Artes de Sevilla
セビージャ美術館[P.86]

Plaza del Museo

● **El Corte Inglés**
エル・コルテ・イングレス

Estación Autobuses Plaza de Armas ♀
プラサ・デ・アルマス・バスターミナル

Mesón del Serranito ●
(Centro)
メソン・デル・セラニート(セントロ店)[P.96]

El Corte Inglés ●
エル・コルテ・イングレス

Iglesia Colegial Divino Salvador
サルバドール教会

La Cantaora ●
ラ・カンタオーラ[P.101]

Naturalmente ●
ナトゥラルメンテ[P.91]

Ⓑ

Casa Cuesta ●
カサ・クエスタ[P.98]

Plaza Nueva
ヌエバ広場

● **Ayuntamiento**
市庁舎

Callejón de la Inquisición

Hotel Las Casas de El Arenal
オテル・ラス・カサス・デ・エル・アレナル[P.182]

Plaza Nueva ●

トリアナ地区散策出発地点[P.88]

● **Puente de Isabel II**
イサベル2世橋(トリアナ橋)

Ovejas Negras ●
オベハス・ネグラス[P.97]

Plaza de Toros de la Maestranza
Plaza del Altozano
アルトサノ広場
マエストランサ闘牛場[P.87]

La Oleoteca
ラ・オレオテカ[P.90, 99]

Catedral de Sevilla
セビージャ大聖堂[P.8]

Mercado de Triana
トリアナ市場

Mesón del Serranito (Arenal) ●
メソン・デル・セラニート(アレナル店)[P.96]

Cerámica Ruiz ●
セラミカ・ルイス[P.92]

El Arenal ●
エル・アレナル[P.101]

Capilla de los Marineros ●
船乗りたちの礼拝堂

Archivo de Indias ●

Centro Cerámica Triana
トリアナ陶器センター

Ⓒ

● **Iglesia de Santa Ana**
サンタ・アナ教会

Archivo General de Indias
インディアス総合古文書館[P.86]

Real Alcázar ●
レアル・アルカサル[P.84]

TRIANA
トリアナ

● **Torre del Oro**
黄金の塔[P.87]

Puerta Jerez

Puerta Jerez

Puerta de Je

スペイン広場[P.85] → **Plaza de España**

【本書紹介スポット】 見どころ&その他／ショッピングスポット／飲食店／ホテル

❸

Mesón del Serranito **❹**
(Triana)
メソン・デル・セラニート（トリアナ店）[P.96] へ

セビージャ中心部MAP

←**Universidad de Sevilla**
(Real Fábrica de Tabacos)
セビージャ大学
（旧王立たばこ工場）

Sevilla-Santa Justa
セビージャ・サンタ・フスタ駅
Prado de San Sebastián
Prado San Sebastián

Estación Autobuses
Prado de San Sebastián
プラド・サン・セバスティアン・
バスターミナル

0   1km N

Puente de San Telmo
サン・テルモ橋
Plaza de Cuba

Avenida de la
República Argentina
M メトロ

Calle San Fernando

Parque de los Príncipes
Calle Virgen
de Luján

Avenida de
Manuel Siurot

Avenida
Portugal

Avenida de
la Borbolla

Avenida de
San Bernardo

Nervión M

San Bernardo M

Sevilla-San
Bernardo
セビージャ・サン・
ベルナルド駅

Avenida Isabel
la Católica

Metropol Parasol
メトロポール・パラソル

♀（32番バス降車）

a de la Encarnación
ンカナシオン広場

● El Rinconcillo
エル・リンコンシージョ[P.95]
Calle Escuelas Pías

┌**Plaza de España**
スペイン広場[P.85]

Calle Bustos Tavera

Calle Gerona

H10 Casa de la Plata
アチェ・ディエス・カサ・デ・ラ・プラタ[P.179]

Calle Recaredo

Calle Santiago

-**Café bar El Comercio**
カフェ・バル・エル・コメルシオ[P.94、99]

Calle Manuel Rojas Marcos

Avenida José Laguillo

Sevilla-Santa Justa
セビージャ-サンタ・フスタ駅 へ →

（32番バス乗車）♀

seo del Baile Flamenco
メンコ舞踊博物館[P.102]

Calle Juan Antonio Cavestany

El Librero Tapas
エル・リブレロ・タパス[P.97]

ateos Gago

SANTA CRUZ
サンタ・クルス

Calle Santa María
la Blanca

Avenida de Menéndez Pelayo

Calle Luis Montoto

alle Ximénez
de Enciso

Calle Santa
Teresa

● Los Gallos
ロス・ガジョス[P.101]

Agua

● Jardines de Murillo ムリーリョ庭園

-**Casa de Murillo**
ムリーリョの家[P.79]

-**Herbolario Esencias de Sevilla**
エルボラリオ・エセンシアス・デ・セビージャ[P.99]

dines del Alcázar
カサル庭園

Estación Autobuses Prado de San Sebastián
プラド・サン・セバスティアン・バスターミナル へ
↓

0   300m N

81

Catedral de Sevilla
セビージャ大聖堂

コロンブスが眠るスペイン最大の大聖堂

左から／コロンブスの墓。当時のスペイン
を構成していたカスティージャ、レオン、
アラゴン、ナバラの4王国の王が棺を担い
でいる。／聖母マリアとキリストの生涯を
あらわした44場面のレリーフが施され、
黄金に輝く主祭壇。

奥行116m、幅76m、クロッシング（十字
が交差する部分）の天井は37mに達する。

　世界でもっとも大きいカトリック教会に数えられ、ゴ
シック様式の大聖堂としては最大。コロンブスのお墓が
あることでも知られています。レコンキスタの後、モスク
だった場所を教会として使っていましたが、1356年の
大地震後、1401年に新しく大聖堂の建設がはじまり、
ヒラルダの塔は世界でもっとも高い塔だったというミナレ
ット※を改装してつくられました。97mの塔には階段が
なく、35のなだらかなスロープを歩いて展望台に上がる
ことができます。十分な広さのあるこのスロープは、イ
スラム支配時代にスルタン（君主）が馬に乗って美しい景
色をながめながら上り下りできるようにつくられたといわ
れています。そのおかげで、ほかの多くの塔とはくらべ
ものにならないくらいスムーズに上ることができます。

　大聖堂には10の門、5つの身廊、25の礼拝堂があり、
ムリーリョやゴヤの作品をはじめ600以上の文化的価
値がある美術作品を見ることができます。スペインを代
表する素晴らしいアートギャラリーともいわれているの
で、時間に余裕を持って見学することをおすすめします。

※モスクに付属する塔

エジプトのスルタンが息子の政略結婚のために本物のワニをアルフォンソ10世に贈ったという伝説のワニ。このワニの門に吊るされているのは木製。

真っ白い壁が印象的な主聖具納室には、ムリーリョやスルバランなどの絵が飾られている。

夜は幻想的な姿を見せるヒラルダの塔。「回転する」という意味からきている「ヒラルダ」の塔の先端には、ヒラルディージョと呼ばれる像があり風でまわる。

サン・クリストバル門には、ヒラルダの塔の先端についているヒラルディージョの像のレプリカが。

モスク時代の建築が残るオレンジの中庭。オレンジの木の間から見るヒラルダの塔も美しい。

📍 Avenida de la Constitución s/n, Sevilla／📞 902 099 692／📶 catedraldesevilla.es
🕐 11:00〜17:00（月曜15:30）、日曜14:30〜18:00、無休／💶 10€
MAP 📍 P.80 C-2

☰ Real Alcázar
レアル・アルカサル

歴代王たちのこだわりがつまった宮殿

上・約60,000㎡の
敷地に170種類以
上の植物が植えら
れている庭園を、回
廊からながめる。／
左・外交の部屋とし
て使われた「大使の
間」は、ペドロ1世宮
殿内でも豪華さが
際立つ。金色の天
井が眩い。

　1000年以上の歴史を持ち、世界最古の宮殿のひ
とつであるアルカサル。広くて迷いそうですが、ペド
ロ1世宮殿、庭園、ゴシック宮殿が主な見どころで
す。その歴史は古代ローマ時代に要塞があった場所
に宮殿が建てられた、イスラム支配時代の11世紀に
さかのぼります。レコンキスタ後、小さな増改築が
行われましたが、もっとも大きな改築が行われたの
は14世紀。イスラム宮殿跡にペドロ1世宮殿が建設
されました。イスラム教の建築様式を取り入れたキ
リスト教建築であるムデハル様式のその豪華な宮殿
は、見どころがいっぱい。その後も、歴代の王によ
り増改築が重ねられたため、ゴシック、ルネサンス
などさまざまな建築様式を見ることができます。

上・アルハンブラ宮殿を思わせる「乙女の中庭」。
ここを取り囲むように部屋がつくられている。／
下・プライベート空間「人形の中庭」。柱に人形
の顔のレリーフがあるのでそう呼ばれている。

「タペストリーの
間」は、13世紀
に建てられた4
つの部屋で構
成されるゴシッ
ク宮殿にある。

📍 Patio de Banderas s/n, Sevilla／📞 954 502 324
📶 realalcazarsevilla.sacatuentrada.es
🕐 1〜3・10〜12月9:30〜17:00、4〜9月9:30〜19:00、無休
💶 11.50€／MAP 📍 P.80 C-2

建物のバルコニーからは運河で楽しむ人や馬車で散策する人など、広場全体が見渡せる。

☰ Plaza de España
スペイン広場

映画のロケ地としても知られる

　1929年に開催されたイベロ・アメリカ博覧会のために、セビージャの建築家アニバル・ゴンサレスによって建設された広場。50,000㎡ある敷地内には、半円形の回廊、ふたつの塔があるムデハル様式を取り入れた建物が建っています。実は私がはじめてセビージャに行く際、エキスポのためにつくられた広場だと聞いて、見なくてもいいかも……と思っていたのですが、実際に訪ねてそのインパクトに呆然。建物に沿ってスペイン49の県の歴史的な出来事をあらわしたタイルが敷き詰められたベンチが並び、人気の写真スポットになっています。「アラビアのロレンス」や「スターウォーズ・エピソード2」の映画ロケ地としても有名です。

上・タイルを見ながらスペイン国内を散策した気分を味わえる。好きな県のベンチで写真を撮るのも楽しい。／左・両端に塔がそびえる半楕円形の広場は、過去の中南米の植民地に対する抱擁をあらわしている。

📍 Avenida de Isabel la
　 Católica, Sevilla
💶 無料
MAP 📍 P.81 A-4

Archivo General de Indias
インディアス総合古文書館

コロンブスの航海日記や地図も

　1785年に、分散して保管されていた植民地に関する資料を一か所にまとめて管理することを目的につくられた総合古文書館。たくさんの資料のなかには、新大陸発見時のコロンブスの日記なども含まれています。マドリード郊外にあるエル・エスコリアル修道院も手がけたファン・デ・エレーラが設計し、16世紀に建てられた旧商品取引所を改装してつくられました。

資料の価値に加え、建物もルネサンス建築の代表的建造物として注目を浴びている。

📍 Avenida de la Constitución s/n, Sevilla
📞 954 500 528
🌐 visitarsevilla.com/que-ver/monumentos/archivo-de-indias
🕐 9:30〜17:00、日曜10:00〜13:30、無休
💶 無料／MAP 📍 P.80 C-2

Museo de Bellas Artes de Sevilla
セビージャ美術館

セビージャ生まれのムリーリョに会いに

右・1668-1669年の作品「Inmaculada Concepción del coro "la Niña"」。ムリーリョの数ある「無原罪の御宿り」のなかのひとつ。／上・古くは礼拝堂だったところ。素晴らしい作品が集まっているので時間をかけてみてほしい。

　元修道院の美しい建物に、17世紀のスペイン絵画黄金時代に活躍したセビージャ出身の画家たちや、19世紀のアンダルシアの画家たちの作品が主に展示されています。とくにムリーリョ、スルバランなどのバロックの巨匠たちの作品が展示されている礼拝堂だった空間は素晴らしく、中心街からは少し離れていますが足を運ぶ価値ありです。

📍 Plaza del Museo 9, Sevilla／📞 955 542 931
🕐 9:00〜21:00(日曜・祝日の月曜15:00)、祝日以外の月曜・12月24・31日・一部の祝日休
💶 1.50€／MAP 📍 P.80 A-1

Plaza de Toros de la Maestranza
マエストランサ闘牛場

スペインでもっとも歴史ある闘牛場

　スペインでもっとも重要な闘牛場のひとつといわれ、数々の最高レベルの闘牛士たちが戦ってきました。現在も年間を通して不定期で試合が開催されていて、とくに春祭りの闘牛が有名です。併設の博物館と闘牛場内を見学できるので、興味がある人はもちろん、闘牛自体にはあまり興味がないという人も、この機会にスペインの文化のひとつに触れてみては？

左・闘牛士の衣装などが展示されている博物館。出口にはポスターやグッズが買えるショップもある。／右・18世紀のバロック様式が美しいことでも知られる。見学はグアダルキビル川側の入口へ。

📍 Paseo de Cristóbal Colón 12, Sevilla
📞 954 224 577
🕐 4〜10月9:30〜21:00、
　1〜3・11・12月9:30〜19:00、12月25日休
💶 8€
MAP 📍 P.80 C-1

直径が異なる3部分の一番下は1221年、真ん中は14世紀、いちばん上の部分は1760年に完成した。

📍 Paseo de Cristóbal Colón s/n, Sevilla
📞 954 222 419
🕐 9:30(土曜10:30)〜18:45、祝日休
💶 3€／MAP 📍 P.80 C-2

Torre del Oro
黄金の塔

川のほとりで町を見守る

　グアダルキビル川沿いに佇む高さ36mの塔。実際に輝いているわけではなく、かつて塔を覆っていたタイルが反射して黄金に見えたことからそう呼ばれています。古くは入港を見張る監視用でしたが、現在は海洋博物館になっていて、上から街並みや大聖堂を見渡せます。ライトアップした塔は黄金に輝くように見えてきれいなので、セビージャで夜を過ごす人は見逃さないで。

サン・テルモ橋側の風景。360度見渡せ、景色を見るためだけに上っても価値があるぐらい。

トリアナ地区を歩いて
アルテに触れる

グアダルキビル川の西側、トリアナ地区に暮らす人たちは、川を渡ることを「セビージャに行く」といいます。

その昔、あまり裕福でなかった人たちが、川沿いの土を集めてつくりはじめた焼きもの工房が今も集まり、また、かつてはロマ族の居住地区だったことからフラメンコが生活に深く根づく場所。セビ

1852年に建設され、1976年に国の歴史的記念碑に登録されたイサベル2世橋。

ージャの文化を支えるエリアを、息づくアルテ（アート）を感じながら散策しましょう。

トリアナ橋として知られているイサベル2世橋を渡ってすぐに出迎えてくれるのは、アルトサノ広場にあるフラメンコの銅像。エネルギーあふれる空気のなか、この像を見るとトリアナに来たんだと実感します。通りをはさんで広場の向かいにあるのが、活気あふれるトリアナ市場。トリアナらしいタイル装飾が印象的な市場で市民の生活を垣間見て、反対側の出入り口から出ると男の子の記念碑が立っています。これはトリアナの陶芸に関わる人たちとフラメンコの歌い手を称えるモニュメント。その後ろに見えるアーチをくぐるとインキシシオン（Inquisición／異端審問）という名の、かつては裁きへの道だった路地に出ます。今は趣ある小道で、夏は涼を取りに訪れる人も多い川のほとりへと続いています。

トリアナ地区への入口、アルトサノ広場のフラメンコの銅像。同じ広場にトリアナ生まれの闘牛士フアン・ベルモンテ（Juan Belmonte）像もある。

サン・ホルヘ城の遺跡の上にあるトリアナ市場。バルも含めて80軒近くのお店が並ぶ。

「アートの散歩道（Paseo de Arte）」と書かれたグアダルキビル川沿いの道。

窯の前でタイルを持っている男の子の下にはフラメンコの歌詞が。

サン・ハシント通りの教会
の壁には陶芸職人に敬
意を表すメッセージが。

記念碑の前からサン・ホルヘ通り（Calle
San Jorge）方向へ歩くと、陶磁器のお
店セラミカ・ルイス（P.92）が見えてきます。
ミュージアムになっている陶器センターと
の間の細い通り抜けると、そこは「陶芸」
という名のアルファレリア通り（Calle
Alfarería）。このあたり一帯が、陶磁器の
お店や工房が集まっているエリアです。ア
ルファレリア通りを左に曲がると、大通りの
サン・ハシント通り（Calle San Jacinto）
に出ます。お店やバルのテラス席がにぎ
わうこの通りでは、建物の外観や看板、
ベンチに使われているタイルや装飾を見
ながら散策するのが楽しいです。

サン・ハシント通り散策は、絵柄が異なるタイルのベンチで
休みながら。

旧市街から見たベティス通りは、ト
リアナの代表的な風景のひとつ。

一方、川沿いにカラフルな建物が並ぶ
風景が特徴的で、バルが立ち並んでいる
のがベティス通り（Calle Betis）。並行す
るプレサ通り（Calle Pureza）には、エス
ペランサ・デ・トリアナの聖母の像がある
礼拝堂があり、もう少し足をのばすと、ト
リアナ大聖堂として知られるサンタ・アナ
教会があります。（MAP ♥ P.80 B-1）

エスペランサ・デ・トリアナ像
がある船乗りたちの礼拝堂。

13世紀に建
てられた、トリ
アナでもっと
も古いサン
タ・アナ教会。

La Oleoteca
ラ・オレオテカ

テイスティングで好みのオリーブオイルを

ハエン県産のスプレモ（Supremo）
100mlのミニボトル5€は、おみやげ
におすすめ。

280品種近くあるというスペインのオリー
ブ。そして同じ品種でも天候や土壌、収穫
時の熟し具合、搾油技術などにより風味が
変わります。ここオレオテカはスペイン各地
の上質なオイルが集まるエキストラ・バージ
ン・オリーブオイル専門店。どれを買えばい
いか迷っても、プロのアドバイスのもと、購
入前にテイスティングができるので安心で
す。また、よりオリーブオイルについてくわ
しく知りたい場合は、個人や少人数グルー
プで予約してレクチャーを受けることも可能。
少し知るだけでもオリーブオイル、そしてス
ペインの食事についての考え方が変わるは
ず。お店は大聖堂と闘牛場の間というとても
便利な場所にあります。

📍 Calle García de Vinuesa 39, Sevilla
📞 954 869 185／🌐 oleotecasevilla.com
🕐 10:30〜14:30、17:30〜20:00、土曜10:30〜14:30、日曜休
MAP 📍 P.80 C-2

左上・オーナーのいちおしは、コ
ルドバ県の東に位置するハエン
県のカスティージョ・デ・カネナ
（Castillo de Canena）社のオイル。
フルーティでさわやか。／左・2階
にあるテイスティングルームでは
落ち着いた雰囲気のなか、オリー
ブオイルについて学べる。

来日経験もあり、今まで
に多くの日本人にレクチ
ャーしているというオー
ナーのアンドレスさん。

☰ Naturalmente
ナトゥラルメンテ

セビージャの思い出を香りに詰めて

持ち帰り用のボトルも12〜100mlまで数種類あり選べる。12ml（香水&ボトル）で4.50€。

　スペインに住むようになってから、ナチュラルな香りに魅力を感じるようになりました。道の街路樹や花たち、身近にある歴史的建造物の庭など花々に囲まれて暮らすようになったからかもしれません。レトロなフラスコが素敵なアロマのお店「ナトゥラルメンテ」は、スペイン語で「自然に」という意味。天然原料を使い伝統的な方法で手づくりされたフレグランスは、約70種類の自然な香りのほか、お店で調合された香りが約20種類あります。オレンジの花の香りにジャスミンなどのエッセンスを加えた「オレンジの中庭（Patio de los Naranjos）」、ナルド（スパイクナード）などがが香る「マリア・ルイサ公園（Parque de María Luisa）」など、セビージャならではの香りをおみやげにどうぞ。

📍 Calle Francos 7, Sevilla／📞 697 802 874
🌐 naturalmentearomas.com
🕐 10:00〜20:30、日曜休
MAP 📍 P.80 B-2

種類が多いので、とくにこだわりがなければ、お店で調合されたものを選んでみるのがいいかも。

上・すべてテイスティングできるので、気になる香りがあれば頼んでみて。／左・「母が香水好きで、香りのなかで育ってきたの」というオーナーのマリアさん。

植物オイルのみでつくられた石鹸5€や、ホームフレグランス15€などもある。

Cerámica Ruiz
セラミカ・ルイス

元米大統領も魅了したトリアナの焼きもの

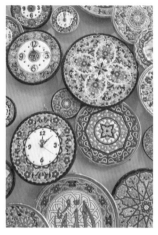

左・石膏で型をつくり粘土を入れてつくる、アリスタ（クエンカ）技法の凹凸があるタイル。／上・カラフルなセビージャ焼きは時計タイプのものが人気。部屋も明るくなり実用的。

「満足して帰ってもらうこと」がモットーだというお店には、アットホームな雰囲気が漂う。

📍 Calle San Jorge 27, Sevilla
📞 955 186 941
🌐 facebook.com/ceramicaruiz
🕘 9:30〜21:30、無休
MAP 📍 P.80 B-1

トリアナ陶器センターの道をはさんで隣にある家族経営のお店。創業者のフランシスコさんは、スペイン広場の装飾にも携わった祖父、そして父も陶芸職人だったという伝統を受け継ぎ、1984年にお店をオープンしました。「日本人のお客さんに人気なのはセビージャ焼き（クエルダ・セカ）だけど、こちらのタイルのよさも知ってほしい」と3代目の現オーナー、パトリシオさんが見せてくれたのはアリスタ（クエンカ）技法のタイル。数年前、オバマ元米大統領の友人が来店し購入したタイルをオバマ氏が気に入り、自宅用にと4000枚注文を受けたそう。4000枚は無理ですが、家や庭に飾りたくなる素敵なタイルがいっぱいです。

これがオバマさんが気に入ってくれたタイルです！

Paradas 7
パラダス・シエテ

オアシスのようなオーガニックカフェ

ほどよい甘さがうれしい、手づくりジャムとトーストのセット。

コーヒーはバルで飲むという先入観を変えたかったというオーナーが、2018年にオープンしたオーガニックカフェ。大きなホテルの目の前という立地もあり、最初の頃は外国人のお客さんがほとんどだったそう。ウッドベースと煉瓦づくりの内装、ぬくもりのある食器などのこだわりが素敵で、少し歩いてもわざわざ出かけたくなる私のお気に入りカフェです。オーガニックの小麦粉を使ったパン、クリーム、ソースもすべて手づくり。種類豊富なサラダ、ベーグルをはじめ、抹茶ラテまでセビージャではあまり見かけないメニューがそろっています。最近はオーナーの願い通り、週末を中心にコーヒーを楽しむ地元客も増えてきたそう。伝統的なバルや喧騒からちょっとひと休みしたい時、ぜひ立ち寄ってほしいお店です。

🍴 Calle Marqués de Paradas 7, Sevilla
📞 954 019 757
🌐 paradas7.com
🕐 8:00〜16:00(金曜21:00)、
　土日曜・祝日8:30〜21:00、無休
MAP 📍 P.80 A-1

上から／フレッシュフルーツが添えられ、チョコレートシロップがかかっているパンケーキ3.50€。／お店の名前は、住所「マルケス・デ・パラダス7番地」からきているので覚えやすい。

すっきりしたい時は、添加物なしのフリッツ・コーラや炭酸水2.50€を。

≡ Café bar El Comercio
カフェ・バル・エル・コメルシオ

あっつあつの「カレンティートス」

オレンジの香りがさわ
やかなほんのり甘い
オレンジワイン1.60€。

上から／ひと皿6本入りのチュロス2€は、あたたかいチョコラテ2.50€に絡め
て味わって。／木製の梁がある天井とずっしり重い大理石のテーブル。壁には
闘牛の写真が飾ってある。

小さな入口前におかれたぐる
ぐる巻きのチュロスに引かれて
お店に入ったという人は、どれ
くらいいるのでしょう。はじめ
て見た人はみんな立ち止まって
写真を撮りたくなり、撮影して
いるうちに一度は味わってみた
くなるに違いありません。見る
からに歴史がありそうなこのバ
ルは1904年に創業。壁に貼ら
れたタイルはところどころにひ
びが入っていて、それがいい味
わいを醸し出しています。朝と
おやつの時間にはチュロスとチ
ョコラテを、夜はセビージャ生
まれのビール「クルスカンポ」や
シェリー酒のマンサニージャ、
ベルムを楽しむ人たちでにぎわ
います。ちなみにセビージャで
チュロスは、カレンティートス
(Calentitos) といいます。

食事はボカディージョ（スペインのサンドイッ
チ）とタパスが中心。スペインオムレツ2.65€。

📍 Calle Lineros 9, Sevilla／📞 670 829 053
🕐 7:30〜21:00、無休
🍴 英語メニュー ○／MAP 📍 P.80 B-2

この店頭にあるチュロスが目印。お持ち帰りしたい場合は左の
窓口から注文しよう。

≡ El Rinconcillo
エル・リンコンシージョ

📍 Calle Gerona 40, Sevilla
📞 954 223 183
🛜 elrinconcillo.es
🕐 13:00〜翌1:00、無休
MAP 📍 P.81 B-3

セビージャの街角に350年の歴史を刻む

上・長い歴史の間に、でき
る限り元の姿を変えないよ
うに改装が重ねられている。
／右・トマトの冷製スープ、
ガスパチョ（Gazpacho）は
夏季のみ。タパス2.50€〜、
グラスワイン2€〜。

スペイン語で「小さ
な角」という意味の
リンコンシージョ。

セビージャでもっとも歴史あるバルで、創業は1670年。1858年に現在のオーナー一家がこのバルを引き継ぎ、1897年には隣の建物までお店を拡張し現在に至ります。タイルが見事な床や壁、天井の装飾、壁一面に隙間なくワインが収納されている棚──。タイムトリップしたかのような店内は1階と2階があり、タパスが食べられるのは1階のカウンター席のみ。変色した台帳など歴史が感じられるものがところどころにおいてあったり、昔ながらのスタイルのウエーターと地元の人たちとのやり取りが見られたり……。どこか懐かしいバル気分が味わえます。椅子がないのも伝統ですが、ゆっくり食事を味わいたい時はテーブル席へどうぞ。

太陽の光がめいっぱい差し込み、クリーム色の木のぬくもりを感じる明るいカウンター席。

Mesón del Serranito
メソン・デル・セラニート

セビージャの名物ホットサンドを

上・闘牛場をイメージしたお店のロゴが入ったタイル。／左・市内にある3店舗で食べられる名物セラニート9€。（写真はすべてトリアナ店のもの）。

1970年代にはじめてつくられたといわれているセラニート（Serranito）は、セビージャ生まれのボカディージョ。豚肉、生ハム、ピーマン、トマトが入り、フライドポテトが添えられているホットサンドです。このサンドに「セラニート」という名前をつけたのは、若い頃闘牛士として活躍し、その後歌手になったホセ・ルイス・カベサ・エルナンデスという人。現バルのオーナーで、1983年にセラニートを商標登録し、このお店をオープンしました。今ではセビージャ中のお店で食べられるセラニートですが、さすが専門店。お肉がジューシー、パンもおいしくしボリュームもたっぷりです。

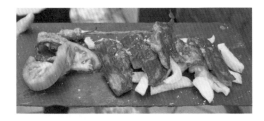

上・肉料理から魚介類までセラニート以外のメニューも豊富。スペイン料理のタパスもそろう。／左・典型的なセビージャの雰囲気を感じられる、闘牛とタイルの装飾に包まれる店内。

Centro セントロ店

📍 Calle Alfonso XII 9, Sevilla／📞 954 218 299／🌐 mesonserranito.com
🕐 9:00〜16:00、20:30〜24:00、無休／🍴 英語メニュー ○
MAP 📍 P.80 A-2

Triana トリアナ店

📍 Ronda de Triana 10, Sevilla／📞 954 332 088
🕐 9:00〜16:00、20:30〜24:00、無休／🍴 英語メニュー ○
MAP 📍 P.81 A-3（MAP外）※ほかにアレナル店（MAP 📍 P.80 C-2）あり

Ovejas Negras
オベハス・ネグラス

大聖堂近くのおしゃれなバル

左・シンプルながら、あたたかいライトが落ち着く。テーブル席を希望する場合は予約がおすすめ。／右・ドリンクはシェリー酒やクルスカンポの生ビール（Caña）1.60€を。

📍 Calle Hernando Colón 8, Sevilla
📞 955 123 811
🌐 ovejasnegrastapas.com
🕐 13:30〜16:30、
　　20:30〜23:30（木〜土曜24:00)、無休
🍴 英語メニュー ○
MAP 📍 P.80 B-2

バラエティーに富んだメニューを楽しめる。キノコのリゾット5.90€、イベリコ豚のほほ肉5.50€。

旧市街で散策中、夕ごはん時になり、行くお店を決めていない場合に私が駆け込むタパスバル。伝統的なタパスのベースを尊重しながらもひと捻り加えたオリジナルタパスや、アジアやほかの地中海料理のテイストを加えたフュージョン料理は地元っ子にも人気。予約していない時は、オープンと同時に行くとカウンターに案内してもらえます。

El Librero Tapas
エル・リブレロ・タパス

サンタ・クルス街でタパスを

店名の「リブレロ」は、本を売る人や本棚という意味。そう、以前本屋だったところにできたタパスバルなので、この名がつきました。ウッド調の家具に本がそのままおいてあるところもあり、それが気取りのないタパスバルとよく合い、あたたかい雰囲気にあふれています。単品メニューのほかに、5つのタパスがセットになったランチメニューも人気です。

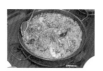

上・かわいい入口に導かれ店内へ。奥には、個人宅のような部屋にテーブル席がある。／左上・4種類のチーズの盛り合わせ9€。好きなチーズを選べるけれど、わからない時はおまかせで。／左下・パエリアは一人前から注文できるのがうれしい。魚介のパエリア12.80€。

📍 Pasaje Andreu 4, Sevilla／📞 955 276 611／🌐 tapasellibrero.com
🕐 12:30〜23.00、口曜休／🍴 英語メニュー ○／MAP 📍 P.81 C-3

Casa Cuesta
カサ・クエスタ

トリアナの歴史を感じながら

上・春祭り名物シェリー
酒の炭酸割り、レブヒート
も頼めばつくってもらえる。
／左・トリアナタイルの装
飾が見事な店内。奥には
レストラン席、ワイナリー
もある。

私のいちおしセビージャ料理。やわらかく甘さほんのり、
豚肉ソテーのウイスキーソース4€〜。

ぜひ試してほしいセビージャ郷土料理のひとつ、ホウレ
ン草とヒヨコ豆の煮込み3.50€〜。

イサベル2世橋を渡ってすぐ、川沿いから陶
器屋が集まるエリアには、かつてたくさんの
バルがあったそうです。そのひとつとして1880
年に創業したカサ・クエスタは、長い間トリア
ナ地区の文化や人々の生活を見守ってきました。
アンダルシア産の食材にこだわったメニューは、
1925年に書かれたレシピを元につくられたも
の。タパスもたくさんあり、気軽に食事を楽し
めます。店内は長い歴史の異なる時代につくら
れたトリアナタイルで装飾され、壁には古くは
1890年代のセマナ・サンタや春祭りの貴重な
オリジナルポスター、100年以上前のかけ時計
が。大きな窓から差し込む光がそれらを照らす
と、まるで小さな博物館にいるかのような気分
になります。

📍 Calle Castilla 1, Sevilla
📞 954 333 335
📶 www.casacuesta.net
🕐 7:00〜16:30、20:00〜翌24:30、無休
🍴 英語メニュー ○
MAP 📍 P.80 B-1

オレンジの香りに包まれて

風がオレンジの花の香りを運んできた時、
アンダルシアにいるんだと実感します。
オレンジの中庭や街路樹を思い出させてくれる
オレンジ香るアイテムを、
旅の記憶と一緒におみやげにどうぞ。

マーマレードに使われる以外のセビージャのビターオレンジを無駄にしないようにとつくられた、Benditaluzのナチュラルコスメ。香りも◎。セビージャのラ・オレオテカ(P.90)やエルボラリオ・エセンシアス・デ・セビージャ(MAP＊P.81 C-3)、コルドバのラ・ガレリア(MAP＊P.118 B-1)などで購入可。

コルドバ県の村モンティージャ発のArahíのハンドクリーム。エキストラ・バージン・オリーブオイルが使われていて手がすべすべに。コルドバのオリーブ＆コー(MAP＊P.119 A-4)、エッセンシア(MAP＊P.118 B-2)で扱っている。

マラガ美術館(P.25)で見つけた植物性グリセリン入り石鹸。「緑のオレンジ(Naranja Verde)」と「オレンジの花(Azahar)」があり、アンダルシアの文化関連のショップのためにデザインされたもの。

セビージャ名物、オレンジワイン。甘いので食前酒やデザートワインとして飲まれる。カフェ・バル・エル・コメルシオ(P. 94)などセビージャのバルで飲める。おみやげにほしい時はラ・オレオテカ(P.90)へ。

Naturalmente Mediterraneoのしっとり潤うリップバーム。ネルハのエル・オリバル・アトリエ(P.66)やマラガのヴェルダ(MAP＊P.18 C-2)のほか、オーガニックコスメ店などで販売。

自然素材のみで味、香りをつけたオレンジフレーバーのオリーブオイル。サラダやカルパッチョ、ヨーグルトやアイス、スイーツにも合うすぐれもの。セビージャのラ・オレオテカ(P.90)で扱っている。

郷土菓子トルタ・デ・アセイテ(P.113)のオレンジ味はセビージャにある老舗の伝統菓子店Inés Rosalesのもので、オレンジの香りが広がる上品な味。アンダルシア各地のスーパーやおみやげ店で見かける。

◎上記で紹介した商品以外に、オレンジのマーマレードや蜂蜜、オレンジ柄の小物、食器などのアイテムも見かける。
　おみやげ店などで売られているので探してみて

フラメンコを満喫！

アンダルシア地方の
伝統芸能として知られるフラメンコ。
発祥の地で、そのルーツと魂に触れてみませんか。

フラメンコって？

　　フラメンコは、インドを
起源とするロマ族（ジプシ
ー）がアンダルシア地方に移住し、
彼らの民族音楽と、アラビア音楽、
アンダルシア音楽が融合して生まれ
たと伝えられています。歌（カンテ）
の原型は18世紀頃にできたといわ
れていて、最初はジプシー仲間の間

コルドバで6月に行われる「フラメンコの白夜（La Noche Blanca del Flamenco）」。朝までライブが続く。

だけに披露されていたそうです。とはいうものの、当時の具体的な文献などは
残っていないためさまざまな説があります。19世紀の中頃には、カフェ・カンタ
ンテと呼ばれるライブハウスができてショーとして見せるようになり、歌ととも
に踊り（バイレ）も発展していきました。20世紀に入り下火になった時期もあり
ましたが、お酒を飲みながらショーを楽しめるお店タブラオが流行り出し、劇場
などでもショーが行われるように。そしてギターも含め、それぞれが主役的な存
在となり、歌、踊り、ギターの3要素が欠かせないものになっていきました。

フラメンコの衣装で自
由に踊り楽しむ人たち。
マラガの「フェリア」は
毎年8月に開催される。

　　現在もフラメンコはアンダルシアの生活に溶け込んでいて、お祭りやイベント
もたくさん行われています。スペイン三大祭にも数えられるセビージャの春祭り
をはじめ、各地のフェリアでも、主役はフラメンコの動きを含んだセビジャーナ
スという踊り。さらにセビージャで2年に一度、夏が終わる頃にはじまる祭典、
ビエナル・デ・フラメンコ（Bienal de Flamenco）や、ヘレス・デ・ラ・フロ
ンテーラの町で毎年2～3月にショーやワークショップが行われ、日本人も多く
参加するヘレス・フェスティバル（Festival de Jerez）などがあります。
　　お祭りや劇場公演以外で、フラメンコショーを見られる場所としては、タブラ
オが一般的。主に観光客向けなので毎日ショーが行われているところがほとん
どです。60分から90分のショーがあり、オプションでディナーもつけられます。
またペーニャと呼ばれるフラメンコ愛好家たちが運営している会員制バルでも、
一般客も見られるショーが行われています。ほかにフラメンコに関するミュージ
アムも各地にあり、いろいろな角度からフラメンコについて知ることができます。

おすすめの
タブラオ

La Cantaora
ラ・カンタオーラ

フラメンコのルーツを感じるショー

　セビージャのヌエバ広場から徒歩3分、旧市街の中心地にあるタブラオ。長年、フラメンコアーティストと仕事をしてきたアデラさんが「本物のショーを提供できる場所を」という思いでオープンし、ジプシーフラメンコのルーツにこだわったステージを家庭的な雰囲気のなかで楽しめます。レストランとしても営業していて、オプションでディナーなどもつけられます。

上・フェステーロと呼ばれる、歌って踊れるアーティストが出演するのもショーの特徴。／右・人数によって席をつくってもらえるのでプライベート感あり。

📍 Calle Albareda 22, Sevilla／📞 622 724 872／🛜 flamencolacantaora.com
🕐 10:00〜14:00、16:00〜22:30、ショー21:00〜、無休
💶 20€（ショーのみ）、23€（ドリンクつき）、55€（ドリンク&タパスつき）、65€（ドリンク&ディナーつき）
MAP 📍 P.80 B-2（セビージャ）

── ほかにも…… ──

Los Gallos
ロス・ガジョス

セビージャでフラメンコといえば真っ先に名前があがるのがこちら。サンタ・クルス街にあり、1966年創業の町でもっとも歴史があるタブラオ。

📍 Plaza de Santa Cruz 11, Sevilla
📞 954 216 981／🛜 tablaolosgallos.com
💶 35€（ドリンクつき）ほか
MAP 📍 P.81 C-3（セビージャ）

Arte y Sabores de Córdoba

Arte y Sabores de Córdoba
アルテ・イ・サボーレス・デ・コルドバ

コルドバのユダヤ人街、メスキータ近くにある。10世紀のサンタ・マリア・アラブ浴場を改装してできたタブラオ。

📍 Calle Velázquez Bosco 10, Córdoba
📞 654 387 620／🛜 facebook.com/tablaoarteysabores
💶 30€（ドリンクつき）ほか
MAP 📍 P.119 A-4（コルドバ）

El Arenal

El Arenal
エル・アレナル

セビージャの闘牛場近くにあり40年以上にわたり人気を維持している。本格的なアンダルシア料理にも定評が。第1部は夜7時15分からと早い時間にはじまるのも◎。

📍 Calle Rodo 7, Sevilla
📞 954 216 492／🛜 tablaoelarenal.com
💶 40€（ドリンクつき）ほか
MAP 📍 P.80 C-2（セビージャ）

Centro de Arte Flamenco Kelipé
セントロ・デ・アルテ・フラメンコ・ケリペ

日中はフラメンコレッスンを行うアートセンターが、夜はタブラオに。マラガの旧市街の中心、コンスティトゥシオン広場からもほど近い。

📍 Calle Muro de Puerta Nueva 10, Málaga
📞 665 097 359／🛜 kelipe.net
💶 25€（ドリンクつき）
MAP 📍 P.18 B-1（マラガ）

◎ほかに洞窟のなかで迫力あるショーを見られるグラナダのロス・タラントス（MAP 📍 P.157 A-3）もおすすめ

おすすめの
フラメンコミュージアム

 # Museo de Arte Flamenco Juan Breva
フアン・ブレバ・フラメンコ芸術博物館

上・ずらりと並ぶギターのなかには、2世紀以上も前につくられた貴重なものも。／右・絵画や彫刻から、代表的なポーズや、衣装、アクセサリーについて知ることもできる。

ペーニャと博物館が一緒に

フアン・ブレバ（Juan Breva）は、1900年代のはじめまで活躍していたマラガでもっとも偉大なフラメンコ歌手のひとり。彼に捧げてつくられたペーニャ（フラメンコ愛好会）の本部がある建物の2階と3階が博物館になっています。2000枚以上のレコード、50を超えるギター、フラメンコに関する絵画や小物などを展示。地下のステージでは週2回ショーも行われています。

📍 Calle Ramón Franquelo 4, Málaga
📞 952 221 380／🌐 peñajuanbreva.eu
🕐 10:00〜14:00、日曜休
💶 2.50€（ショーは別料金）
MAP 📍 P.18 A-2（マラガ）

―― ほかにも……

 ## Museo del Baile Flamenco
フラメンコ舞踊博物館

フラメンコ舞踊家で振付師のクリスティーナ・オヨス（Cristina Hoyos）がプロデュースする博物館。フラメンコの歴史、スタイル、衣装などについて知ることができ、1階のパティオと地下の2か所でショーが行われる。

📍 Calle Manuel Rojas
　 Marcos 3, Sevilla
📞 954 340 311
🌐 museodelbaileflamenco.com
🕐 10:00〜19:00、無休
💶 10€（ショーは別料金）
MAP 📍 P.81 B-3（セビージャ）

 ## Centro Flamenco Fosforito
フォスフォリート・フラメンコセンター

フラメンコ歌手フォスフォリート（Fosforito）によってつくられた博物館。歴史、コンパス、ギターなど8つの部屋があり、リズムについてやフラメンコギターの製作プロセスなどもくわしく学べる。ステージがある部屋やパティオでは、不定期でショーやイベントも。

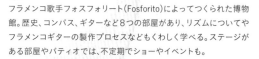

📍 Plaza del Potro, Córdoba
📞 957 476 829／🌐 centroflamencofosforito.cordoba.es
🕐 1月〜6月15日・9月16日〜12月 8:30〜19:30、日曜・祝日9:30〜14:30、
　 6月16日〜9月15日 8:30〜15:00、日曜・祝日8:30〜14:30、
　 1年を通して月曜休
💶 2€／MAP 📍 P.119 B-3（コルドバ）

 ## Museo Cuevas del Sacromonte
サクロモンテ洞窟博物館

16世紀にロマ族が洞窟に暮らしはじめ、そこで生まれた洞窟フラメンコ。洞窟生活を再現した博物館を見学し、フラメンコの起源から現在までの歴史を学ぶことができる。

135391602©Alberto Gonzalez
Rovira | Dreamstime.com

📍 Barranco de los Negros, Sacromonte, Granada／📞 958 215 120
🌐 sacromontegranada.com／🕐 夏季10:00〜20:00、冬季10:00〜18:00、無休
💶 5€／MAP 📍 P.157 A-3（MAP外）（グラナダ）

アンダルシアの **おいしいもの**

真冬をのぞいて、ほとんど1年中にぎわっている海沿いのバル、チリンギート。

地中海式食習慣と笑いが絶えない食卓

アンダルシア料理の特徴のひとつは、地中海と大西洋が交差し広大な山岳地帯を持つ地形と恵まれた気候がもたらす、豊かな食材の素材の味を大切にしていること。そして、多様な文化と共存してきた歴史は食べものにも影響し、さまざまな味が混じり合ってできた料理といえるでしょう。なかでもイスラム文化の影響を受けた、たとえば蜂蜜やナッツなどを使った料理なども見られます。

日本と同様、平均寿命が長いスペイン。この話になるといつも話題に上がるのが地中海の食習慣、ディエタ・メディテラネア（Dieta Mediterránea）です。「和食もヘルシーだけど、私たちも負けていないわ！」と誇らし気なアンダルシアっ子たち。このディエタ・メディテラネアは、晴天が多い地中海性気候のなか、太陽の光をふんだんに浴びた季節の農作物をベースにした伝統的な食習慣で、野菜、豆類、果物、魚、白身肉、パスタ、お米、ナッツ、そしてオリーブオイルと適量のワインをとることが推奨されています。

またそれは、ストイックに食べものを制限するというのではなく、伝統的な調理方法も尊重し、食事環境も考慮されています。手軽に食べられる小皿料理のタパス文化が浸透しているアンダルシアでは、カジュアルに食事を楽しみます。みんな家族や友達と食べるのが大好き。ひとりで外食している人はほとんど見かけません。大人になっても毎週末、実家で家族と食事をしたり、誕生日はもちろん、何かにつけて記念日を大勢で祝ったり。食事の間もよくしゃべり大声で笑い、心からその時々を楽しんでいます。

自然の恵みプラス、そんな食習慣が健康でいられる秘訣なのかもしれません。

上から／気軽にお酒やタパスが楽しめるバル。昔ながらのバルは地域の人たちの社交の場でもある。／パエリアはスペイン語で「パエジャ」。スペインではランチに食べるのが一般的。

アンダルシアの食卓に欠かせない食材

アンダルシアは、大自然の恵みをふんだんに受けて育った食材の宝庫です。
なかでも普段の食卓に欠かせない6つはこちら。

Aceituna
【アセイトゥナ】

オリーブ

スペインは世界いちのオリーブ生産国。200種類以上のオリーブがつくられていて、そのうち約80%を占めるのがアンダルシア産のもの。レストランやバル、各家庭の食卓に上らない日はない。

Aceite de Oliva Virgen Extra
【アセイテ・デ・オリバ・ビルヘン・エキストラ】

エキストラ・バージン・オリーブオイル

オリーブオイルの生産量もスペインが世界1位。約80%がアンダルシア産で、世界でもっともオリーブオイルがつくられている。とくにハエン県の生産量が多く、「世界のオリーブオイルの首都」といわれるほど。

Vinagre de Vino
【ビナグレ・デ・ビーノ】

ワインビネガー

スペインではサラダにオリーブオイル、ビネガー、塩をかけて食べるのが一般的。シェリー酒からつくられるシェリービネガーや、モンティージャ・モリレス(コルドバ県)などのワインビネガーが有名。

Jamón Ibérico
【ハモン・イベリコ】

イベリコ豚の生ハム

イベリコ豚の生ハム4大産地のうちウエルバ県ハブゴ、コルドバ県ロス・ペドロチェスはアンダルシア。ドングリを食べて育ったベジョータと呼ばれる純血種のイベリコ豚は最高級といわれている。

Tomate
【トマテ】

トマト

サルモレホやガスパチョの材料となるトマトは欠かせない食材。アンダルシアではスペインのトマトの約75%を生産している。種類も多く、日本では見かけない品種が並んでいて驚くことも。

Queso
【ケソ】

チーズ

スペインの主要な山羊のミルクの産地であるアンダルシアには、マラガ県を筆頭に80以上のチーズ工場がある。チーズのイベントも各地で行われ、コルドバ県スエロスのFiesta del Queso de Zuherosなどが有名。

ランチの時間が午後2時半頃と遅めのスペインでは、朝起きてすぐとお昼前の2回、朝ごはんを食べる習慣があります。午前11時前後になると会社が多いエリアのカフェやバルは、人でいっぱいに。そして週末の午前中は、家族で出かけて朝ごはんを楽しむ人たちでにぎわいます。地域にもよりますが、スタンダードな朝食メニューは、コーヒーとトーストとオレンジジュースといたってシンプル。地元の人たちに交じって、アンダルシア風の朝ごはんをぜひ試してみてください。

Pan パン

定番はバゲットのトーストに生ハムと擦り下ろしたトマトをのせ、オリーブオイルをかけて食べるハモン・イベリコ・トマテ・イ・アセイテ（Jamón Ibérico, Tomate y Aceite）。アンダルシアに来たらこれをぜひ食べてほしいのですが、朝から生ハムは……という人には、擦り下ろしたトマトとオリーブオイルに塩で味つけするアセイテ・イ・トマテ（Aceite y Tomate）もおすすめ。あまりたくさん食べられない人は、パンを半分（medio／メディオ）頼みましょう。

パン屋併設のカフェの朝食メニューでは、パンの種類を選ぶこともできます。おすすめはマラガ県アンテケラ発祥のロールパンで、アンダルシア全域で朝ごはんによく食べられるモジェテ（Mollete）。グラナダにはパン・デ・アルファカル（Pan de Alfacar）という地域特産のパンもあります。またマラガでは朝ごはんのトーストに、ピトゥホ（Pitufo）という小さなロールパンが出てくるのも一般的です。

生ハムとトマトとオリーブオイルのトースト。コルドバでは、スライスした生ハムのかわりに、サルモレホにも使う細かく切った生ハム（Pizcos de Jamón）をのせるトーストも人気。

形は丸く、外側は白っぽいバニラ色で、なかはふわふわなのがアンテケラのモジェテの特徴。

グラナダ県アルファカル村でつくられるパン。外は香ばしくなかはふっくらしている。

コーヒーなど

　朝食にはほとんどの人が、ミルクコーヒーのカフェ・コン・レチェ（Café con leche）をオーダー。ほかに、エスプレッソのカフェ・ソロ（Café solo）、ミルクが少し入ったカフェ・コルタド（Café cortado）、ミルクの割合が多いカフェ・マンチャド（Café manchado）などもあります。ノンカフェインのカフェ・デスカフェイナド（Café descafeinado）を選ぶ人も。ちなみにマラガではミルクの量によって、コーヒーの呼び方が変わります（P.33）。

　コーヒーが苦手な人は、ポピュラーなスペインのココア、コラカオ（Colacao）がおすすめ。

　また朝食に欠かせないのが搾り立てのオレンジジュース。とくにテラス席で朝日を浴びながら飲むフレッシュオレンジジュースは格別のおいしさです。

上・ホットコーヒーをグラスに入れて出す伝統的なバルも。グラスも熱くなっているので注意！／右・コラカオは商品名だけれどとてもポピュラーで、ココアのことをみんな「コラカオ」と呼ぶ。

オレンジジュースはサイズを選べるところが多い。何もいわないといちばん大きいものが出されることも。

朝ごはんに
チュロス

　スペインでは、朝食にもよくチュロスを食べます。アンダルシアでチュロスといえば太くて外はさくさく、なかはふんわり。ほかの地方の人たちは、このアンダルシア独特のチュロスをポラス（Porras）といいます。「チュロス・マドリレーニョス」と呼ばれ、日本でも見かける断面が星型のものとは見た目も食感も異なります。

　両方とも生地は小麦粉、水、砂糖、塩でできているのですが、ポラスには少し重曹が入っていて、小麦粉の割合も多いそう。またアンダルシアのなかでも、マラガやグラナダではテヘリンゴス（Tejeringos）、コルドバではヘリンゴス（Jeringos）、セビージャではカレンティートス（Calentitos）などと地域によって呼び方が異なります。チュロスを頼む時は、熱〜いチョコラテ（Chocolate）もお忘れなく。

◎「この町のチュロスといえばここ」というお店を、各町のページに掲載しているので、ぜひ行ってみて！

星形のチュロスは「チュロス・マドリレーニョス（Churros Madrileños／マドリードのチュロス）」と頼んで。

おすすめ
アンダルシア料理

アンダルシア料理の多くは州内各地で食べられますが、
なかには地域によって名前が違ったり、アレンジされているものもあります。
その町ならではの郷土料理は、ぜひその土地で味わってみてください。

Gazpacho Andaluz
【ガスパチョ・アンダルース】

キュウリ、玉ネギ、ピーマンなども入っているヘルシーなトマトの冷製スープ。地元ではジュースのように飲むので、グラスで出てくることもよくある。夏季のみの限定メニュー。

Flamenquín
【フラメンキン】

豚の薄切り肉に生ハムをはさみ、巻いてパン粉をつけて揚げたコルドバの名物料理。鶏肉を使ったり、ロースハムやチーズ、ゆで卵のみじん切りを一緒に巻いたものもある。

Rabo de Toro
【ラボ・デ・トロ】

コルドバの郷土料理、牛テール肉の煮込みは、闘牛後の雄牛で料理したのがはじまりだそう。赤ワインで煮込んだお肉がやわらかくてとろとろ。アンダルシアのほかの都市でも食べられる。

Pipirrana Malagueña
【ピピラナ・マラゲーニャ】

細かく切ったトマト、玉ネギ、ピーマン、キュウリなどを塩、オリーブオイル、ワインビネガーであえたサラダ。タコ、エビ、ムール貝などのシーフードが入っている。

Berenjenas Fritas con Miel
【ベレンヘナス・フリータス・コン・ミエル】

アラブが起源のナスのフライ蜂蜜がけ。さくさくに揚げた、ほんのり塩味がきいたナスに甘い蜂蜜がよく合う。蜂蜜のかわりにフリヒリアナの糖蜜をかけることも。

Remojón Granadino
【レモホン・グラナディーノ】

オレンジ、玉ネギ、ブラックオリーブ、バカラオ（タラ）のサラダ。グラナダ以外の地域でも食べられ、マラガではマラガのサラダ（Ensalada Malagueña）といい、ゆでたポテトや卵が入る。

Solomillo al Whisky
【ソロミージョ・アル・ウイスキー】

セビージャ名物、ポークソテーのウイスキーソース。といってもウイスキーの味はあまりせず、ニンニク風味のやわらかいお肉がくせになるおいしさ。フライドポテトつきで出されることが多い。

Serranito
【セラニート】

セビージャで生まれたお肉、生ハム、スライストマト、炒めたピーマンが入ったホットサンド。豚ロース肉がスタンダードだけれど、牛肉、鶏肉なども選べる。

Pescaíto Frito
【ペスカイト・フリート】

イカやタコなども含む魚介類のフライのことで、ペスカディート・フリート(Pescadito Frito)がアンダルシアなまりでペスカイートとなり定着。とくに海岸沿いの町でよく食べられる。

Boquerones en Vinagre
【ボケロネス・エン・ビナグレ】

マラガの人のことをボケロン(カタクチイワシ)と呼ぶほど、マラガを代表する食べものであるボケロネス。なかでもポピュラーな酢漬けは酸味がさわやか。お酒の肴にも◎。

Habas con Jamón
【アバス・コン・ハモン】

グラナダの伝統料理、そら豆と生ハムのソテー。目玉焼きが添えてあって黄身と絡めて食べたり、卵も一緒にスクランブルエッグにして食べるお店もある。アンダルシア各地で食べられる。

◎このほかに、マラガ名物のイワシの串焼き、エスペト・デ・サルディナス(Espeto de Sardinas(P.41)もぜひ!

春には**カタツムリ料理**のタパスを

春から初夏にかけてはカタツムリの季節。各地で食べられるけれど、コルドバでは2月の終わりから6月中旬まで、町のあちこちにカタツムリ料理のスタンドが立つ。カタツムリを食べるのは地中海沿岸地域の食習慣で、ハーブやスパイスなどを加え調理する。カロリーが低くダイエットに最適で、鉄分、カルシウム、ナイアシンなども豊富に含まれている。

カタツムリはスペイン語でカラコレス(Caracoles)。ひと皿1.20€ぐらいから。

コルドバの郷土料理
サルモレホ

サルモレホ（Salmorejo）とは、トマトの冷製クリームスープ。コルドバの郷土料理で、スペインを代表する人気料理のひとつです。ガスパチョと似ていますが、もっと濃厚でディップとしてパンにつけて食べることもできます。材料は、トマト、パン、ニンニク、オリーブオイル、塩といたってシンプル。ただし家庭料理なので、ビネガーを足したりトッピングを変えたり……と自由にアレンジすることができ、つくる人によって、またレストランによっても少しずつ味が異なります。コルドバ以外のアンダルシアの町でも食べられますが、マラガにはサルモレホに似たポラ・アンテケラナ（Porra Antequerana）という料理も。メニューにサルモレホがない場合はポラを探してみてください。

サルモレホのレシピ

レシピは伝統に基づき統一しようと、サルモレホ協会が発表したもの。

コルドバにある通称
「コルドバのサルモレホの小道」（MAP♥P.119 B-4）に、
一般的なレシピが書いてあります。
簡単なのでぜひつくってみてください。

◎材料

トマト	1kg
パン	200g
エキストラ・バージン・オリーブオイル	100g
ニンニク	1片
塩	10g

※4〜6皿分ぐらいになりますが、食べる量によって調節してください

トマト以外のサルモレホ

Ⓐ

Ⓑ

バルやレストランでは、サルモレホのアレンジ料理も多く見られます。今までに私が食べたことがあるのは、ビーツⒶ、チェリーⒷ、オレンジⒸのサルモレホ。オレンジはトマトより甘みがあるのでデザートに近いイメージですが、トッピングに魚介類がのっていることが多く、食べごたえがあります。ちなみに、サルモレホの元になった料理といわれている、アーモンドベースのコルドバの伝統料理マサモラ・コル

Ⓒ

Ⓓ

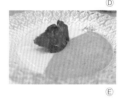
Ⓔ

ドベサ（Mazamorra Cordobesa）Ⓓもあります。かなり濃厚で好き嫌いが分かれるかもしれませんが、こちらをアレンジした白と緑（バジル）のサルモレホ（Salmorejo Blanquiverde）Ⓔも。サッカークラブ Córdoba CFの色をヒントに創作され、2012年にコルドバのタパスコンクールのイノベーション部門で入賞した逸品です。コルドバのレストラン、ボデガス・メスキータ（P.143）で味わえます。

◎つくり方

1. 皮をむいたトマトをミキサーにかけ、こし器でこす。

2. 1にパン、オリーブオイル、ニンニク、塩を入れ、再びミキサーにかける。

3. 器に盛り、小さく切ったゆで卵とイベリコ豚のハム（材料外）をトッピングしてでき上がり！

おいしくつくるためのコツ

真っ赤に熟したトマトを使うのが絶対条件。ニンニクと塩は好みに合わせて少しずつ加えましょう（ちなみに私はニンニクを入れません……）。品質、鮮度のいいエキストラ・バージン・オリーブオイルを使うのもポイントで、たっぷり入れないとクリーム状になりません。食べる前にしっかり冷やすとおいしさが増します。

食材＆調理方法のスペイン語

◎ 食材

野菜
Verduras
ベルドゥラス

Tomate
【トマテ】
▶トマト

Alcachofa
【アルカチョファ】
▶アーティチョーク

Pepino
【ペピーノ】
▶キュウリ

Champiñón
【チャンピニョン】
▶マッシュルーム

Cebolla
【セボージャ】
▶玉ネギ

Aceituna
【アセイトゥナ】
▶オリーブ

Pimiento
【ピミエント】
▶ピーマン

Espinaca
【エスピナカ】
▶ホウレン草

Berenjena
【ベレンヘナ】
▶ナス

Aguacate
【アグアカテ】
▶アボカド

Zanahoria
【サナオリア】
▶ニンジン

Remolacha
【レモラチャ】
▶ビーツ

Patata/Papa
【パタタ／パパ】
▶ジャガイモ

Garbanzo
【ガルバンソ】
▶ひよこ豆

Ajo
【アホ】
▶ニンニク

Haba
【アバ】
▶そら豆

Lechuga
【レチューガ】
▶レタス

Lenteja
【レンテハ】
▶レンズ豆

Frutas
フルタス
果物

Naranja
【ナランハ】
▶オレンジ

Fresa
【フレサ】
▶イチゴ

Manzana
【マンサナ】
▶リンゴ

Plátano/Banana
【プラタノ／バナナ】
▶バナナ

肉類
Carnes
カルネス

Ternera
【テルネラ】
▶子牛肉

Pato
【パト】
▶鴨肉

Cerdo
【セルド】
▶豚肉

Jamón Serrano
【ハモン・セラノ】
▶生ハム

Pollo
【ポジョ】
▶鶏肉

Jamón Ibérico
【ハモン・イベリコ】
▶イベリコ豚の生ハム

Cordero
【コルデラ】
▶子羊肉

Chorizo
【チョリソ】
▶チョリソ

魚介類
Pescados y Mariscos
ペスカドス・イ・マリスコス

Sardina
【サルディナ】
▶イワシ

Calamar
【カラマル】
▶ヤリイカ

Boquerón
【ボケロン】
▶カタクチイワシ

Choco/Sepia/Jibia
【チョコ/セピア/ヒビア】
▶コウイカ

Atún
【アトゥン】
▶マグロ

Cangrejo
【カングレホ】
▶カニ

Salmón
【サルモン】
▶サーモン

Gamba
【ガンバ】
▶芝エビ

Bacalao
【バカラオ】
▶タラ

Langosta
【ランゴスタ】
▶ロブスター

Besugo
【ベスゴ】
▶真鯛

Almeja
【アルメハ】
▶アサリなどの二枚貝

Dorada
【ドラダ】
▶平鯛

Coquina
【コキナ】
▶ナミノコ貝（小さな二枚貝）

Pulpo
【プルポ】
▶タコ

Mejillón
【メヒジョン】
▶ムール貝

◎ 調理法

Asado/da
【アサド／ダ】
▶焼いた

Guisado/da
【ギサド／ダ】
▶煮込んだ

a la plancha
【ア・ラ・プランチャ】
▶鉄板焼き

al vapor
【アル・バポール】
▶蒸し焼き

Salteado/da
【サルテアド／ダ】
▶炒めた

Ahumado/da
【アウマド／ダ】
▶燻製にした

a la parrilla
【ア・ラ・パリージャ】
▶炭火焼き

Frito/ta
【フリート／タ】
▶揚げた

Rebozado/da
【レボサド／ダ】
▶衣で覆った、まぶした

al horno
【アル・オルノ】
▶オーブン焼き

◎ その他

Arroz 【アロス】 ▶米、ごはん

Huevo 【ウエボ】 ▶卵

Queso 【ケソ】 ▶チーズ

アンダルシアの郷土菓子

甘いものが大好きなアンダルシアっ子たちは、
コンフィテリア（Confitería）と呼ばれるお菓子屋の前に来ると目が輝きます。
それぞれの土地で愛され続けている素朴な味を紹介します。

Pastel Cordobés
【パステル・コルドベス】

カベジョ・デ・アンヘル（Cabello de ángel）という金糸瓜のジャムをパイ生地で包んだケーキ。コルドバのカフェでおいていないところはないといってもいいほどポピュラー。

Pionono
【ピオノノ】

1897年にグラナダ郊外サンタ・フェ村で、ローマ教皇ピオ9世に敬意を示し生まれたお菓子。シロップを浸した細いロールケーキに、焼き色がついたカスタードクリームがのっている。

Torta de Aceite
【トルタ・デ・アセイテ】

小麦粉にオリーブオイルやゴマ、アニスなどを加えた、オイルケーキという名の焼き菓子。各地でつくり方が異なり、パイのような食感のセビージャのイネス・ロサレスというお店のものが有名。

Torta loca
【タルタ・ロカ】

パイ生地にクリームをはさんだお菓子で、1950年代にマラガのサッカー選手が考案。経済事情がよくなかった時代にあらわれた安くて明るい色のスイーツに、市民は元気をもらったそう。

Mantecado
【マンテカード】

マラガの村アンテケラ、またはセビージャの村エステパが発祥といわれているラードを練り込んだお菓子。後にスペインを代表するお菓子となり、とくにクリスマスの季節に食べられる。

クリスマスの終わりに食べるケーキ

1月6日まで続くクリスマスの終わりの日に食べるのが、ロスコン・デ・レジェス（Roscón de Reyes）。大きなドーナツ型のパンの上にアーモンドや砂糖漬けにしたオレンジなどをトッピングし、間にクリームがはさんである。

アンダルシアで人気の飲みもの

スペイン有数のワインの産地であるアンダルシア地方。
ワインをベースにしたカクテルもよく飲まれます。
迷った時は、地元のワイナリーのワインをぜひ！

Ⓐ　　　　　　　　Ⓑ

Vinos de Málaga
【ビーノス・デ・マラガ】

マラガ産のワイン。甘口のデザートワインが有名。8月
のフェリアには、みんなが飲むカルトハル(Cartojal)の
パッケージの色で町がピンク色に。Ⓐ

Vinos de Montilla-Moriles
【ビーノス・デ・モンティージャ・モリレス】

コルドバの南にある村モンティージャ、モリレス一帯で
つくられるワイン。主な品種はペドロ・ヒメネスで、シ
ェリー酒と異なり甘口と辛口両タイプに使用される。

Vinos Pedro Ximénez
【ビーノス・ペドロ・ヒメネス】

同じ名前のブドウ品種からつくられ、お酒の名前になっ
ている極甘口シェリー酒。深い香りと色合いが特徴。デ
ザート、料理のソースにも使われる。

Manzanilla
【マンサニージャ】

パロミノ種のブドウを使った辛口シェリ
ー酒のフィノと同じ製造方法で、カディ
ス県の町サンルーカル・デ・バラメダで
つくられたものを指す。

Tinto de Verno
【ティント・デ・ベラーノ】

「夏の赤ワイン」という名前で、赤ワイン
を炭酸で割ったもの。サングリアに似て
いるけれどサングリアより人気。ソーダ
かレモンソーダで割る。Ⓑ

シェリー酒とは？

ヘレス・デ・ラ・フロンテーラ、サンルーカ
ル・デ・バラメダ、エル・プエルト・デ・サン
タ・マリアの3つの町を中心に広がる限定
地域でつくられる白ワイン。パロミノ、ペド
ロ・ヒメネス、モスカテルの3種類の白ブド
ウのみを使い、酒精強化され、オークの樽
で最低3年、特有のソレラシステムによっ
て熟成される。スペイン語ではビーノ・デ・
ヘレス(Vino de Jerez)。

Rebujito
【レブヒート】

シェリー酒を炭酸で割
ったもの。セビージャの
春祭りでよく飲まれる。

Vermú
【ベルム】
Ⓒ

ワインをハーブやスパイスで香りづけした苦み
があるフレバードワイン。Ⓒ

Ⓓ

アンダルシアのビール

セビージャのクルスカンポ(Cruzcampo)、グラナダのアルハ
ンブラ(Alhambra)、マラガのビクトリア(Victoria)など、各地
でつくられているビールがあるので試してみて。Ⓓ

Córdoba

コルドバ

左・16世紀以前は町を囲む壁の一部だったプエンテ門。／右・西側からは、セビージャ門をくぐってサン・バシリオ地区に入る。

花々があふれる古都へようこそ

Córdoba
コルドバ

　目的のない街歩きは、コルドバにいるんだという幸せを感じさせてくれます。私がこの町に心を寄せるようになったきっかけは、3度目に訪れた際、はじめて1泊して時間を忘れて気ままに散策したことでした。メスキータを中心とした歴史地区とメディナ・アサーラが世界遺産、パティオ祭りが無形文化遺産に登録されていて、古くはイスラム王朝の後ウマヤ朝の首都として繁栄。最先端の学問、芸術、文化の中心地となり、ヨーロッパ最大の町として発展しました。南北にのびる庭園があり、その東、グアダルキビル川の北のエリアが旧市街。ここにメスキータやアルカサル、プエンテ門、王立厩舎、アラブ浴場跡、ユダヤ人街などの見どころが。少し北へ歩くと、ショップが連なるテンディージャス広場があり、ローマ寺院跡やコレデラ広場もすぐそばです。

　アルカサル近くのパティオが集まるサン・バシリオ地区は、のどかでかわいくて散策におすすめ。おしゃれなバルがたくさんあるリベラ地区は、地元のとくに若い人たちに人気を集めています。ポトロ広場があり、19世紀半ばまで商業の中心地だったのはこのあたり。広場からのびるリネロス通り（Calle Lineros）もかつての主要道路で、現在は小さな個性あるお店が集まっています。

上・アルモドバル門を一歩入るとユダヤ人街。お店が並び、ゆったりとした空気が流れる。／左・1570年設立の王立厩舎では、フラメンコとコラボした馬術ショーも行われる。

　壁や窓に花が飾られ、小さな噴水やブーゲンビリアがところどころにある街並み。オレンジの中庭で本を読んだり、ロ

ーマ橋をジョギングする人々も見られます。世界遺産が日常生活に溶け込んでいるこの町であなたも暮らしているように、歩いてみてください。

ゼラニウムの花が2階をや…壁一面に飾られているサン・バシリオ地区のパティオ

古代ローマ時代
の競技場だった
といわれるコレデ
ラ広場。その後
闘牛場だった時
期もあった。

左・カプチーノス広場にある灯火のキリスト像。/右・1～2世紀
に建造されたといわれるローマ寺院跡。遺跡の一部は考古博
物館などにある。

—ACCESS—

マラガから：鉄道で約1時間／バスで約2時間30分
セビージャから：鉄道で約45分／バスで約2時間10分
グラナダから：鉄道で1時間30分／バスで約2時間30分

コルドバ駅から
メスキータへは——

　駅の改札口を出て左方向に市バス、タク
シー乗り場があります。メスキータへはそこ
から3番か5番バスに乗車。3番はサン・フ
ェルナンド（San Fernando）で降りて徒歩
約8分、5番はグロリエタ・メディア・ルナ
（Glorieta Media Luna）で降りて徒歩約
11分です。料金は1.30€、乗車時に運転
手からチケットを購入します。ただし到着ま
でにかかる時間はバスに乗っても、駅から
歩いても約25分とほぼ同じ。身軽な場合
は歩いて行くことをおすすめします。タクシ
ーで向かう場合は約15分。

コルドバ駅の市バス、
タクシー乗り場をはさ
んで中長距離バスの
ターミナルがある。

コルドバ中心部MAP

①

②

Iglesia de Santa Marina
サンタ・マリア教会

Jardines de la Merced ●
メルセー庭園

Plaza de don Gome

Plaza Puerta del Rincón
プエルタ・デル・リンコン広場
花と女性の銅像[P.132]

Palacio de Viana
● ビアナ宮殿[P.129]

Ⓐ Mercadona ●
メルカドーナ[P.147]

Plaza de Capuchinos
カプチーノス広場

Cristo de los Faroles ┐
灯火のキリスト像

Pastelerías Roldán ●
パステレリアス・ロルダン[P.140]

Cuesta del Bailío ┐
バイリオ坂[P.133]

Estación de Autobuses
バスターミナル
(3番、5番バス乗車)

El Corte Inglés ●
エル・コルテ・イングレス
Supermercado ┐
スーペルメルカド[P.147]

Templo Romano ●
ローマ寺院跡

● La Galería ラ・ガレリア[P.99]

Córdoba
コルドバ駅

Essencia
エッセンシア[P.99]

Plaza de las Tendillas
テンディージャス広場

Matilde Cano ●
マティルデ・カノ[P.138]

Pastelerías Roldán
パステレリアス・ロルダン[P.140]

Calle Concepción

Museo de Bellas Artes
コルドバ美術館

Ⓑ

Museo Julio Romero de Torres
フリオ・ロメロ・デ・トレス美術館[P.130]

(メディナ・アサーラ行)

Mercado Victoria ●
ビクトリア市場[P.141]

Centro Flamenco Fosforito
フォスフォリート・フラメンコセンター[P.102]

Jardines de la Victoria ●
ビクトリア庭園

● **Mercadona**
メルカドーナ[P.147]

LA JUDERÍA

Medina Azahara
メディナ・アサーラ[P.134]へ

ユダヤ人街拡大MAP(P.119右上)

Mojaelchurro
モハエルチュロ[P.139]

Calle Judíos

Calle Romero

(メディナ・アサーラ行)

Mezquita Catedral de Córdoba ●
コルドバのメスキータ大聖堂[P.126]

(5番バス降車)

Glorieta Media Luna

Bodegas Mezquita ●
ボデガス・メスキータ[P.143]

Alcázar de los Reyes Cristianos
キリスト教歴代王のアルカサル[P.128]

de Patios
デ・パティオス(チケット売り場)[P.124]

花と男性と子どもの銅像[P.132] ●

Ⓒ

Patio San Basilio 20 ┐
パティオ・サンバ・バシリオ20[P.122]

SAN BASILIO

● **Caballerizas Reales**
王立厩舎

El Patio de la Costurera ┐
エル・パティオ・デ・ラ・コストゥレラ[P.183]

Puerta de Sevilla ┐
セビージャ門

Calle Puerta Sevilla

Patio San Basilio 44
パティオ・サン・バシリオ44[P.123]

Taberna La Viuda ┐
タベルナ・ラ・ビウダ[P.142]

【本書紹介スポット】 見どころ&その他/ショッピングスポット/飲食店/ホテル

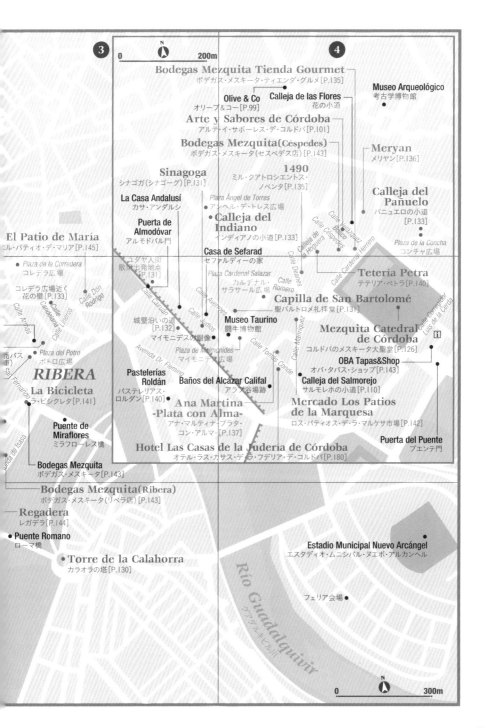

Bodegas Mezquita Tienda Gourmet
ボデガス・メスキータ・ティエンダ・グルメ[P.135]

Olive & Co   Calleja de las Flores
オリーブ&コー[P.99]   花の小道

Museo Arqueológico
考古学博物館

Arte y Sabores de Córdoba
アルテ・イ・サボーレス・デ・コルドバ[P.101]

Bodegas Mezquita(Céspedes)
ボデガス・メスキータ(セスペデス店)[P.143]

Meryan
メリヤン[P.136]

Sinagoga
シナゴガ(シナゴーグ)[P.131]

1490
ミル・クアトロシエントス・
ノベンタ[P.135]

La Casa Andalusí
カサ・アンダルシ

Calleja del
Pañuelo
パニュエロの小道
[P.133]

Plaza Ángel de Torres
アンヘル・デ・トレス広場

Puerta de
Almodóvar
アルモドバル門

El Patio de María
ル・パティオ・デ・マリア[P.145]

Calleja del
Indiano
インディアノの小道[P.133]

Plaza de la Concha
コンチャ広場

Casa de Sefarad
セファルディーの家

Plaza de la Corredera
コレデラ広場

ユダヤ人街
散策出発地点
[P.131]

Plaza Cardenal Salazar
カルデナル・
サラサール広場

Tetería Petra
テテリア・ペトラ[P.140]

コレデラ広場近く
花の壁[P.133]

Calle Don
Rodrigo

Capilla de San Bartolomé
聖バルトロメ礼拝堂[P.131]

城壁沿いの道
[P.132]

Museo Taurino
闘牛博物館

Mezquita Catedral
de Córdoba
コルドバのメスキータ大聖堂[P.126]

Plaza del Potro
ポトロ広場

マイモニデスの彫像

Plaza de Maimónides
マイモニデス広場

OBA Tapas&Shop
オバ・タパス・ショップ[P.143]

RIBERA

La Bicicleta
ラ・ビシクレタ[P.141]

Pastelerías
Roldán
パステレリアス・
ロルダン[P.140]

Baños del Alcázar Califal
アラブ浴場跡

Calleja del Salmorejo
サルモレホの小道[P.110]

Puente de
Miraflores
ミラフローレス橋

Ana Martina
-Plata con Alma-
アナ・マルティナ・プラタ・
コン・アルマー[P.137]

Mercado Los Patios
de la Marquesa
ロス・パティオス・デ・ラ・マルケサ市場[P.142]

Puerta del Puente
プエンテ門

Bodegas Mezquita
ボデガス・メスキータ[P.143]

Hotel Las Casas de la Judería de Córdoba
オテル・ラス・カサス・デラ・フデリア・デ・コルドバ[P.180]

Bodegas Mezquita(Ribera)
ボデガス・メスキータ(リベラ店)[P.143]

Regadera
レガデラ[P.144]

Puente Romano
ローマ橋

Estadio Municipal Nuevo Arcángel
エスタディオ・ムニシパル・ヌエボ・アルカンヘル

Torre de la Calahorra
カラオラの塔[P.130]

Río Guadalquivir
グアダルキビル川

フェリア会場

N

0   300m

コルドバの
パティオを楽しむ

路地を歩いていて、
扉の隙間からパティオがのぞく瞬間。
もっと見たいな、どんな人が住んでいるのかな、
と心がどきどきします。
そんなパティオの扉が開かれ心ゆくまで
見学できるのが、年に一度の「パティオ祭り」。
ほかに、一年を通して見られる
パティオなどもあります。

パティオって？

コルドバの昔ながらの家にはパティオと呼ばれる中庭があり、それを囲んで部屋がつくられています。また、パティオを囲って個別の家が建っていたり、パティオのある家を数人でシェアする共同住宅もあります。パティオは単に花が植えてある中庭というだけではなく、住人が集まる憩いの場であり、夏になると酷暑が続くコルドバの人たちが涼を取る場所。高い壁に囲まれているのも、植物を飾るのも、生活の知恵がはじまりでした。実際パティオのなかは外より5、6度気温が低いそうです。

イスラム建築を受け継いだパティオは、中庭を
囲むすべての部屋に光を取り込み風を運ぶ。

一年でいちばん美しい中庭を愛でる
❋ コルドバのパティオ祭り

2012年に世界無形文化遺産に登録された「パティオ祭り」は、その美しさを競うコンクール。例年5月の初旬から2週間開催され、約50の一般家庭や、市の建物のパティオを自由に無料で見学できます。花が飾られた華やかなパティオには噴水や井戸、家によっては古い洗濯場、キッチンなどが残されていて、植物や装飾を楽しみながら、パティオと密着したコルドバの人たちの暮らしを知ることができます。観光案内所などで、参加パティオが掲載されている地図をもらうことができます。

また10月には秋のパティオ祭りといわれる「フローラ（Flora）」があるほか、12月にはクリスマス仕様にデコレーションされたパティオが公開されます。

左・ポインセチアが飾られ、イルミネーションが灯ったクリスマスのパティオは幻想的。／右・世界のフラワーアーティストにより、パティオがモダンに生まれ変わる秋のお祭り「フローラ」。

上・共同住宅の洗濯場跡。噴水や井戸もあり、パティオには光、水、植物が欠かせない。／左・種類や色が異なる花が並んでいるのに失われないハーモニー。オーナーのセンスが光る。

左・階段にはアラビア文字が書かれ、エキゾチックな雰囲気をかもし出す個性的なパティオ。／下・暑さのなかでも花が生き生きしているのは、日差しが強い昼間はシェードを下ろして守っているから。

パティオ祭りに参加している建物の前には、目印になる木がおかれている。

Fiesta de los Patios de Córdoba
コルドバのパティオ祭り

📶 patios.cordoba.es

季節の花々が出迎えてくれる

一年中楽しめるパティオ

外観の壁にもローマ時
代の柱の一部を再利用
しているという。

人気のパティオが集まる
サン・バシリオ（アルカサ
ル・ビエホ地区）は、時間が
ゆっくり流れるのどかな地区。
窓や玄関、レストランの入口
などところどころに花が飾ら
れ、歩いているだけでも楽し
めます。このエリアにはパテ
ィオ祭りの期間外に、無料ま
たは有料で見学できるパテ
ィオがあります。

Patio San Basilio 20
パティオ・サンバ・バシリオ 20

きれいに手入れさ
れた上品なパティ
オは、2003年か
らパティオ祭りに
参加している。

歴史ある装飾品も見逃せない

上・15〜16世紀の建物といわれ
るこの家の窓を覆うレモンの
木。緑が多く安らぎを運んで
くれる。／左・アクセサリーシ
ョップPlata Cordobesaでは、
フィリグラーナ（伝統的な銀
線細工）づくりの体験もできる。

2階の窓までのびるレモンの木が特徴
的なパティオ。今も人が住んでいて、レ
モンは観賞用というだけでなく日よけ、虫
よけになるのに加え、ほのかな香りも部屋
に運んでくれホームフレグランスにもなっ
ているそう。コンパクトにまとまったスペ
ースに、ローマ時代やイスラム支配時代
の石器や建築に使われていた石の一部な
どが、装飾品としてたくさん飾られていま
す。入口にはシルバーアクセサリーのアト
リエとショップがあり、製作過程の見学や
体験もできます。

📍 Calle San Basilio 20, Córdoba／€ 無料
MAP 📍 P.118 C-2

Patio San Basilio 44
パティオ・サン・バシリオ44

現住所の44番地と旧
住所の50番地、両方
記してある入口。

パティオ博物館のような空間

　真ん中に真っすぐのびる白塗りの階段が印象的なパティオで、15〜16世紀に建てられた当時の建築様式がそのまま保存されています。2020年にはスペイン国王と王妃が訪れ、話題になりました。かつては数家族が住む共同住宅で、中庭には井戸や石でできた洗濯場があり、パティオを囲む一室にあった共同キッチンも残されています。住居だったところは現在お店になっていて、手づくりのおみやげや香水などが販売されています。

📍 Calle San Basilio 44, Córdoba
€ 無料
MAP 📍 P.118 C-2

上・明るく広く開放的なパティオ。ここを囲んでいちばん多い時は13家族が住んでいたという。／左・パティオをイメージした手づくりの小物がたくさんあるInmaculada Alarcón。扇子と陶器がとくにおすすめ。

その場で製作している革職人マリローさんのお店Cueros de Córdoba。扇子形のマグネットなどがおみやげに◎。

コルドバの職人による、おみやげにぴったりな小物がそろうお店。入口を入ってすぐ左にある。

Esencia de los Patiosはパティオからインスピレーションを得た香水のお店。メンズの香水もある。

de Patios
デ・パティオス

ゆったりと
パティオめぐりを

　5月のパティオ祭りの時期以外に、しっかりパティオを見学したいという人は、サン・バシリオ地区の5つのパティオをまわるデ・パティオスというコースに参加してみては？ 有料ですが、パティオ祭りのように一度に大勢の人が集まることがないので、パティオ祭りで入賞したことがある人気のパティオを自分のペースで見学できます。さらに希望すれば、オーナーがパティオについて説明もしてくれ、昔からの文化や生活の知恵に触れることができます。ただし季節によっては花が少ない時期も。また、オープンする日にちや時間は月ごとに異なるので必ず事前に確認を。

📍 Calle San Basilio 14, Córdoba
（チケット売り場）
📞 957 941 881 ／ 🔗 depatios.com
💰 5€ ／ MAP 📍 P.118 C-2

上・チケット売り場がある建物のパティオ。受付の右横のドアから入ると猫ちゃんが出迎えてくれる。／左・オフィス＆チケット売り場。ここでチケットを買って地図をもらう。

左・アーチをくぐってなかに入ると、小さなパティオの壁一面に花が隙間なく飾られている。／上・ほかではあまり見かけない空色の鉢がさわやかな印象。整いすぎていない装飾も素敵。

５月のコルドバ

　５月はコルドバの町が一年中でいちばん輝く時。澄み切った青空の下、光を浴びてきらきら揺れる街中の花々――。できればぜひこの季節にコルドバを訪れることをおすすめします。カメラを片手に、ヒールのないサンダル、コットンのＴシャツかワンピース姿で、時間を気にせずたっぷり散策を楽しんでください。

　５月は街並みの美しさに加え、お祭りが続くのでもっとも観光客が集まる月でもあります。お祭りの幕を開けるのは、５月１日にもっとも近い週末に開催される「５月の十字架祭り（Cruces de Mayo）」。市内のところどころに、花で飾られた十字架が飾られます。人々は近くに設けられたバルで十字架をながめながら音楽を聴き、踊り、タパスやドリンクを楽しみます。

　十字架祭りが終わるとはじまるのが、「パティオ祭り（Fiesta de los Patios de Córdoba）」（P.120）。初旬から２週間、普段は入れない一般家庭などの中庭が公開されるお祭りで、週末は長い行列ができるほど多くの人が集まります。

　そして最後を締めくくるのは、最終週の前の週末にはじまる「フェリア（Feria de Nuestra Señora de la Salud）」。18世紀から続くもっとも市民が盛り上がるお祭りです。会場には自由に出入りできるカセタ（テント小屋）が並び、食事、ドリンク、ダンスを楽しみます。人々は伝統的なフラメンコの衣装を着て出かけるので、町も華やかになります。

春の訪れを祝う伝統行事だったといわれる十字架祭り。1953年からコンクールも兼ね、町中で約40の十字架が見られる。

パティオ祭り中、「窓とバルコニーのコンクール」も行われ町が一段と華やかに。

旧市街の南東に設けられるフェリア会場。メスキータを再現した門は旧市街側からも見える。

十字架に併設されるバル。大きな広場ではフラメンコショーなども開催される。

深夜まで盛り上がる会場には遊園地もあり、子どもたちも楽しめる。

125

☰ Mezquita Catedral de Córdoba
コルドバのメスキータ大聖堂

円柱の森に迷い込んで――

スペイン語でモスクという意味のメスキータ。スペインに残されている唯一の大きなモスクだった建物で、現在はキリスト教の大聖堂として使用されています。地下に聖ビセンテ教会の遺跡が残されていることからもわかるように、西ゴート王国時代6世紀中頃に教会が建てられ、そこに後ウマイヤ朝時代の8世紀にモスクが建設されました。そして1236年のコルドバのレコンキスタ後も、建物は破壊されず、モスクのなかにカトリック教会がつくられました。「キリスト教とイスラム教建築が融合する建造物」というひと言で表現するには、あまりにも深く何世紀にもわたる時の流れの重さを感じます。

門を入るとオレンジの中庭が広がります。モスクだった時代、お祈り前に身体を清めていた大きな噴水と3つの泉があり、かつてはミナレットだった鐘楼の鐘の音が鳴り響き、春から夏にかけてはオレンジの花の甘い香りが漂います。自由に出入りできるので本を読んだり、おしゃべりしたり、癒されに訪れる人も大勢います。コルドバの町の風景のシンボルでもある鐘楼の展望台までの階段は203段とあまり高くないため、気軽に上ることができます。旧市街の街並みやメスキータ全体を見渡すこともできておすすめです。

鐘楼に上る階段から見える、免罪の門（Puerta del Perdón）の装飾もぜひチェックして。

30分おきに限られた人数だけが上れる鐘楼からのながめ。メスキータに着いたらまず予約を入れるのがおすすめ。

📍 Calle Cardenal Herrero 1, Córdoba
📞 957 470 512
🛜 mezquita-catedraldecordoba.es
🕐 10:00〜14:00、16:00〜18:00、無休
💶 11€、塔2€
MAP 📍 P.119 B-4

右・16世紀末にたくさんのオレンジの木が植えられたオレンジの中庭。杉や椰子の木もある。／上・オレンジの中庭の噴水のまわりは、常に憩う人たちでいっぱい。

上・白とテラコッタ色（焼いた土色）の馬蹄形の2重アーチが林立する神秘的な空間。／右・3度の拡張跡や、イスラム建築とキリスト教建築の共存がところどころに見られる。

アーチとその上の装飾、八角形のドーム型天井が美しい、南を向いたミフラーブ（通常はメッカの方角を示す窪み）。

モスクだった建物のなかにキリスト教の大聖堂をつくろうと、1523年に建設がはじめられた中央礼拝堂。

Alcázar de los Reyes Cristianos

キリスト教歴代王のアルカサル

コロンブスが新大陸発見前に訪れた宮殿

20世紀半ばに現在の形になった庭園。大きな水路とすっきりしたデザインが涼しさを運ぶ。

古くはローマ時代の税関、その後西ゴート王国の要塞だったところに、14世紀にアルフォンソ11世により再建されたアルカサル。1482年にはグラナダ王国征服の拠点がおかれ、8年間イサベル女王とフェルナンド王（カトリック両王）の邸宅だったこともあり、ここで後のポルトガル女王、娘マリアが生まれました。コロンブスがカトリック両王と謁見した場所としても知られ、庭園にはそのシーンを再現した像が建てられています。隣の王立厩舎、メスキータやローマ橋まで見渡せるライオンの塔や、コレデラ広場の地下から見つかった2〜3世紀古代ローマ時代のモザイクや石棺が展示されている、かつての礼拝堂、モザイクの間も必見です。

上・1486年、コロンブスはカトリック両王に謁見し、新大陸発見のための資金援助を求めた。／右・4つの塔がある庭園。いちばん古いライオンの塔に上り、城壁を歩くこともできる。

モザイクの間は異端審問が行われていた元礼拝堂。その後、刑務所として使用されていた時期も。

アルカサル建設を命じたアルフォンソ11世の銅像が入口に。

📍 Calle de las Caballerizas Reales s/n, Córdoba
📞 957 420 151／📶 alcazardelosreyescristianos.cordoba.es
🕐 8:15〜20:00（日曜14:45）、土曜9:30〜18:00、月曜休
💶 5€／MAP 📍 P.118 C-2

Palacio de Viana
ビアナ宮殿

外観はメスキータ建築にも携わったフアン・デ・オチョアが手がけた。

5世紀の歴史を持つ気品漂う邸宅

15世紀に宮殿としての歴史がはじまったビアナ宮殿。19世紀半ばから1981年に一般公開されるまで、最後の所有者がビアナ侯爵だったことからこの名前がつきました。12のパティオと複数の部屋があり、古代ローマとイスラム文化の伝統を受け継いだコルドバを象徴する建築物のひとつです。元宮殿らしく、あまりほかのパティオでは見られないエレガントなブルーを基調としたドアや窓枠、ていねいに手入れされた植物などに気品が感じられます。また邸宅内には絵画、タペストリー、タイルなどのコレクションが展示されています。なかでもなめし革に薄い銀箔を貼り、型押しで模様をあらわし彩色した、グアダメシル技法を使った壁などの装飾をお見逃しなく。

上・真っ白な壁に施されている、花やタイル装飾から目が離せない「ハルディネロスの中庭」。／右・コルドバのバロック様式の庭の代表ともいえる「アルチボの中庭」。噴水のタイル使いがかわいい。

上・一般公開後につくられた「コルムナスの中庭」では、コンサートなどが行われている。／右・共同住宅の中庭だった時期もある「ガトスの中庭」に続く台所の入口。

📍 Plaza de don Gome 2, Córdoba
📞 957 496 741／🌐 palaciodeviana.com
🕐 1～6・9～12月10:00～19:00(日曜15:00)、
　　7・8月9:00～15:00、月曜休・祝日不定休
💶 10€、邸宅内&コレクションのみ6€、
　　1階部分とパティオのみ6€
　　※邸宅内全体とコレクションはガイドつきツアーのみで
　　見学可能。1階部分とパティオは自由見学
MAP 📍 P.118 A-2

必ず見てほしい、コルドバの町
を象徴する風景。

Torre de la Calahorra
カラオラの塔

町を守り続けた歴史の証人

貴族の刑務所だった時
代もあり、グラナダ王国
の囚人もここまで来てい
たとか。

 Puente Romano s/n, Córdoba
 957 293 929
 torrecalahorra.es
 1〜4・10〜12月10:00〜18:00、
　5〜9月10:00〜14:00、16:30〜20:30、無休
 4.50€／MAP P.119 C-3

コルドバの町を地図で見ると、南側にグアダルキビル川が流れ容易に出入りできなかったことがうかがえます。その旧市街への入口にあるこの塔は、何世紀にも渡りコルドバの町を守り続けてきました。現在は博物館になっていて、イスラム、ユダヤ、キリスト教の3文化がつくり上げたコルドバを知ることができます。塔の上からローマ橋とメスキータをながめていると、何世紀も前の光景が蘇ってくるような不思議な気分になります。

Museo Julio Romero de Torres
フリオ・ロメロ・デ・トレス美術館

コルドバを愛し続けた画家

美術館入口には、
1916年に描かれた
コルドバ市のフェリ
アのポスターが。背
後にはグアダルキ
ビル川が見える。

コルドバのショップやレストランで、彼の作品を目にしない日はありません。1874年、父も画家だった芸術一家に生まれたフリオはコルドバを代表する画家。フェリアのポスターやアンダルシアの女性を描いた作品を数多く残し、1953年には100ペセタ紙幣に肖像画と作品が使用されました。自宅だったところにつくられた美術館で、明るめのテラコッタ色の壁があたたかい雰囲気をつくるなか、代表作「火の番をする女（La chiquita piconera）」などの作品を鑑賞できます。

フリオがなくなった1年後、美術館に改築。外観のデ
ザイン、色使いも印象的。向かいにはコルドバ美術
館がある。

ポトロ広場に面する
建物（写真右）の門
をくぐると、美術館
が見える。

 Plaza del Potro 1-4, Córdoba
 957 470 356／ museojulioromero.cordoba.es
 8:15〜20:00、土曜9:30〜18:00、
　日曜8:15〜14:45、月曜休
MAP P.119 B-3

ユダヤ人街の路地裏散策

イスラム時代の門を元に14世紀につくられたアルモドバル門。左手前には哲学者セネカの銅像も。

歴史地区内にあるユダヤ人街は、スペイン語で「ラ・フデリア（La Judería）」と呼ばれています。かつてのユダヤ人居住区とそのまわりには、石畳の小さな路地が迷路のようにつながり、歴史的な建物も点在しています。

セファルディーの家は、コルドバにおけるユダヤ人の文化や生活を知ることができる博物館。

アルモドバル門をくぐると、すぐ右にのびる道がその名もユダヤ人通り（Calle Judíos）。ここに見どころが集まっているので、どこから散策するか迷った時はこの通りから歩きはじめましょう。

14世紀はじめにつくられたシナゴーグ。スペインでもっとも保存状態がいいシナゴーグといわれている。

Sinagoga
シナゴガ（シナゴーグ）

📍 Calle Judíos 20, Córdoba / 📞 957 749 015 / 📶 turismodecordoba.org/sinagoga / 🕐 9:00〜21:00（日曜15:00）、月曜休 / 💶 0.30€ / MAP 📍 P.119 B-3

12〜14世紀のイスラム教徒やユダヤ教徒の生活に触れることができるカサ・アンダルシやセファルディーの家などを

左・ZOCO（スーク）という看板が出ているパティオがある建物。2階にも手工芸品のお店がある。／右・コルドバ出身のユダヤ思想家で医師でもあったマイモニデスの銅像。

過ぎると右手に見えるのが、シナゴーグ（ユダヤ教の会堂）。その斜め前にあるパティオには、手工芸品のお店などが併設されています。そして少し歩くと、右側にマイモニデスの銅像が立つ小さな広場があります。その向かいには闘牛博物館があり、マイモニデス広場に入口が。その入口を背にして立つと左に見えるアーチをくぐると、聖バルトロメ礼拝堂に到着します。礼拝堂脇の細い道をカルデナル・サラサール広場方向に歩くとお店が集まる通りに出てメスキータの鐘楼が見え、花の小道もすぐ近くです。
（MAP 📍 P.119 B-3）

このアーチをくぐると左側に聖バルトロメ礼拝堂がある。

Capilla de San Bartolomé
聖バルトロメ礼拝堂

📍 Calle Averroes s/n, Córdoba / 📞 957 787 644 / 📶 turismodecordoba.org/capilla-san-bartolome / 🕐 10:30〜13:30、月曜休 / 💶 1.50€ / MAP 📍 P.119 B-4

上・15世紀のはじめに建てられたムデハル様式の礼拝堂。タイルなどの装飾が美しい。／左・人気スポット「花の小道」は、早朝やお昼時など人が少ない時間帯に行くのがおすすめ。

コルドバ街歩きで出会える素敵な風景

美しい観光スポットを楽しむのもおすすめですが、
人々が暮らす街角の何気ない風景が素敵なこともコルドバの魅力。
コルドバに暮らす私がとくに好きな路地の風景を
7つご紹介します。

1 城壁沿いの道

　アルモドバル門から城壁に沿って続く趣のあるカイルアン通り（Calle Cairuán）は、お気に入りの散歩道。水路沿いに無造作に植えられた花々が歴史ある壁に寄り添い、古くからの家々の軒先からはジャスミン、カーネーション、月下美人などがほんのり香ってきます。(MAP ♥ P.119 B-3)

2 花と女性の銅像

　プエルタ・デル・リンコン広場にある、女性がパティオの花に水をあげているコルドバの伝統的なシーンをあらわしたアート。地元出身の彫刻家ホセ・マヌエル・ベルモンテ氏のパティオへの愛がいっぱい詰まった作品です。季節によって花が変わり、いつ通っても心がときめく素敵な一角です。(MAP ♥ P.118 A-2)

3 花と男性と子どもの銅像

　美しいパティオで有名なサン・バシリオ地区のマルティン・デ・ロア通り（Calle Martín de Roa）にあり、すっかり風景に溶け込んでいるホセ・マヌエル・ベルモンテ氏のパティオシリーズ。おじいさんと男の子がふたりでパティオの手入れをするほのぼのとした姿は、今も受け継がれる古くからのコルドバの一般家庭の日常です。(MAP ♥ P.118 C-2)

4 バイリオ坂

　車で通ると見逃がしてしまう、アルファロス通りから灯火のキリスト広場に続く階段、バイリオ坂（Cuesta del Bailío）。イスラム支配時代にはメディナ（旧市街）があった坂の上のエリアと、坂の下を結ぶ城壁の入口として重要な役割を担っていました。白壁に咲き乱れるブーゲンビリアのなか、石畳の階段を上ると、噴水の水の音が出迎えてくれます。(MAP ♥ P.118 A-2)

5 コレデラ広場近く花の壁

　コレデラ広場の近く、カンデラリア通り（Calle Candelaria）を歩いていると壁一面に咲き誇る花々が目の前に。殺風景だった路地が突然華やかになります。名も知られていない路地裏で出会う日常のなかのアートは、コルドバ街歩きの魅力のひとつです。(MAP ♥ P.119 B-3)

6 インディアノの小道

　アンヘル・デ・トレス広場の前に佇むインディアノの家（Casa del Indiano）。15世紀頃に建てられた宮殿で、現在、内部はアパートに改築され、ゴシック様式とムデハル様式が混在した外観のみを残しています。その門をくぐるとインディアノの小道（Calleja del Indiano）と呼ばれる路地があり、アーチや噴水、飾られた

花々がおとぎの世界へと導いてくれます。
(MAP ♥ P.119 A-3)

7 パニュエロの小道

　メスキータや花の小道の近く、コンチャ広場に続くペドロ・ヒメネス通りは通称パニュ

エロの小道（Calleja del Pañuelo）として親しまれています。パニュエロはスペイン語でハンカチという意味で、ハンカチの幅ぐらいしかない細い通りなので、この名がつけられました。路地の奥には噴水があり、オレンジ香る小さな広場が。
(MAP ♥ P.119 A-4)

Medina Azahara
メディナ・アサーラ

遺跡の出土品の展示のほか、カフェやショップを備えた博物館もある。

神秘的な宮殿都市に思いをめぐらせる

上・軍隊の住居、また高官の住居の受付でもあったといわれているバシリカルの間。／左・元々は15のアーチが連なっていた豪華な東の門。大使などの訪問者に権力を示していた。

上・高官たちの住居跡。明るいパティオを囲み家がつくられ、水路も整備されていた。／下・存在していた3つのなかでいちばん重要だったモスク跡。メスキータと似た建築だったそう。

　アラビア語で「輝かしい町」や「花の町」を意味するという宮殿都市の遺跡で、市中心部から西へ約8km離れた高台にあります。イスラム王国、後ウマイヤ朝の時代の936年に、「敵を威圧できるように豪華で、簡単にたどり着けない市の中心から離れた郊外に」とアブド・アッラフマーン3世により建設が命じられました。当時ヨーロッパ最大でもっとも重要な都市であったコルドバには、世界各地から重要人物が集っていました。そのなかでも選ばれたエリートたちが、この豪華な宮殿都市に住むことができたといわれています。遺跡は当時の10分の1ほどしか残っていませんが、1000年以上前に10倍もの広さの都市が建設され、煌びやかに栄えていたのかと思うと、今の静けさが嘘のようで感慨深いものがあります。

📍 Carretera Palma del Río, km 5.5, Córdoba
📞 957 104 933
📶 turismodecordoba.org/medina-azahara-1
🕐 夏季9:00〜15:00、20:00〜24:00、
　日曜・祝日9:00〜15:00、月曜休
　冬季9:00〜18:00、日曜・祝日9:00〜15:00、月曜休
　※2021年2月現在、オープン時間が頻繁に変更されているので、必ずサイトで確認を
💶 1.50€／MAP 📍 P.118 B-1（MAP外）

ACCESS

観光案内所で、市内から遺跡に併設されているメディナ・アサーラ博物館までのバスのチケットを予約、購入する。ビクトリア通り（Paseo de la Victoria）にある2か所のバス停（MAP ▶ P.118 B-1、B-2）から約20分で、博物館に到着。受付で博物館と遺跡のチケットを購入する。博物館から遺跡まではシャトルバスで移動。バス（市内〜博物館、シャトルバス）の料金は往復9€

1490
ミル・クアトロシエントス・ノベンタ

📍 Calle Deanes 5, Córdoba
📞 626 594 128
📶 1490.es
🕐 10:30〜20:30、無休
MAP 📍 P.119 B-4

磁器のボトルもおしゃれ

上・限定番号が記されているボトルに入った250mlのオリーブオイル29.90€。ミニサイズ17.90€もある。／右・かわいいボトルや食器は、陶磁器で有名なコルドバの村、ラ・ランブラでつくられたもの。

アイボリーに、ロイヤルブルーの文字と模様。このボトルに見覚えがある人も多いかもしれません。1940のオリーブオイルは、国際的なオリーブオイルコンテストのOlive Japan 2019で金賞を受賞。また近年、世界各国のコンテストのオイル部門やボトル部門で数々の賞を受賞しています。オイル以外の食品や陶磁器の食器も販売。かわいらしく、食卓に並べたいものばかりです。

Bodegas Mezquita Tienda Gourmet
ボデガス・メスキータ・ティエンダ・グルメ

コルドバの味をおみやげに

人気のレストラン、ボデガス・メスキータ（P.143）のグルメショップ。オリーブオイル、ワイン、クラフトビール、チーズ、スイーツなどが人気で、ほかにコルドバ料理のレシピ本やオリジナルエコバッグなども。商品の95%がコルドバ産です。ワインやオイルのテイスティング、生ハムのカッティングやサルモレホづくりのワークショップなども開催しています。

上・メスキータのすぐ前にある。小さなサイズやセットものなど旅行者にうれしい商品がそろう。／右・オレンジビール入りチョコ（左）と、13年連続モンドセレクション金賞受賞のポテトチップス1.50€（右）。

📍 Calle Cardenal Herrero 8, Córdoba
📞 957 100 606／📶 bodegasmezquita.com
🕐 8:00〜12:00、16:00〜20:00、火曜休
MAP 📍 P.119 A-4

Meryan
メリヤン

ロエベのコレクションも手掛けた技術

デザインや色が素
敵なのはもちろん、
上質でしっかりとつ
くられている財布
59.50€〜。

　花の小道沿いにあるお店の入口には、「コル
ドバの皮の専門店」という日本語が。高品質の
山羊のなめし革に、エンボス加工、塗装など
で装飾を施すコードバンはコルドバが起源とい
われています。銀箔を貼って装飾するグアダ
メシル技法とともに18世紀の終わり以降衰退
していった伝統技術を守ろうと立ち上がったの
が現オーナーの祖父、アンヘルさん。もともと
画家でしたが革職人になり、商品製作だけで
なく、ロエベのコレクションや世界中のプロジ
ェクトとコラボしてきました。店舗を構える1
年前の1957年には、コルドバ市が広島平和
記念公園にメスキータのオレンジの中庭にある
オレンジの種を贈った際の贈答用の箱も製作
したそうで、日本ともつながりが深いお店です。

眼鏡ケースや扇子入れ、
キーホルダーやブレスレ
ット10€〜もあるので、気
軽にのぞいてみよう。

📍 Calleja de las Flores 2, Córdoba
📞 957 475 902　/ 📶 www.meryancor.com/cs
🕐 9:00〜20:00、土曜午後・日曜休
MAP 📍 P.119 A-4

3代目のオーナー兼職人のダニエルさん。お店で製作
過程を見学できるほか、時間半の体験ワークショップ
もあるのでたずねてみて。

Ana Martina -Plata con Alma-
アナ・マルティナ -プラタ・コン・アルマ-

愛おしすぎる可憐なシルバージュエリー

こんなに繊細でかわいいシルバーアクセサリーがあるなんて。偶然このお店を見つけた時、その可憐さに引きつけられしばらくショーウインドーの前から動けなくなりました。8世紀のイスラム支配時代から受け継がれたシルバー細工の町コルドバには、多くのアクセサリーショップがありますが、ひと際オリジナリティを感じるショップ。やさしく迎えてくれたデザイナー兼職人アナさんは、100年続く工房の3代目。幼少の頃から身につけてきた伝統的な技術をもとに、メスキータのアーチなど、コルドバの町からデザインの着想を得た数々のアクセサリーを生み出しています。とくにコルドバに来た人ならあこがれるに違いないパティオのコレクションは、自分へのプレゼントにおすすめです。

上・フィリグラーナという伝統的な銀線細工。細い銀の糸を使い指先で形をつくっていく。／右・商品はすべて品質証明書つき。自然素材とリサイクル紙にこだわったパッキングもおしゃれ。

パティオで見られる花々のピアス、ペンダント、ブレスレットなどがそろう。

📍 Calle Tomás Conde 9, Córdoba
📞 678 561 060
🌐 facebook.com/AnaMartinaPlataSilver/
🕐 10:30〜20:30、日曜午後休
MAP 📍 P.119 B-4

左・町に4、5人しかないといわれている銀線細工職人のひとりアナさん。／下・お店の奥のアトリエではアクセサリーづくりの見学や体験ができる。

☰ Matilde Cano
マティルデ・カノ

スペイン王妃着用のドレスブランド

　2019年10月、日本の即位礼正殿の儀で各国の招待客が華やかなドレスで出席したなか、とくに素敵だったと話題を集めたスペインのレティシア王妃。そんな世界中の人たちを魅了した淡いグリーンにピンク色の花が浮かんだ桜餅色のドレスは、コルドバのドレスブランド、マティルデ・カノのデザインでした。そのお値段、399€と意外にお手頃でびっくり。ドレスが高嶺の花で終わるのではなく、誰にでも着てもらえるようにとリーズナブルな価格設定にしているそう。日本の結婚式やパーティー、デートにも着ていけるミニやミディ丈のワンピース、パンツルックもあるので、気軽にのぞいてみて。気さくなデザイナーさんが笑顔で迎えてくれます。

アトリエ内のオフィスに飾られているレティシア王妃着用のものと同じモデルのドレス。

スペインをイメージした水玉と着物風のデザインをミックスしたショート丈ワンピース。

📍 Calle Conde de Gondomar 5, Córdoba
📞 957 492 247／🛜 matildecano.es
🕐 10:00〜13:30、17:30〜21:00、日曜休
MAP 📍 P.118 B-2

上・闘牛士をイメージしたジャケットには、地元のパーティーで人気が高いコルドバの伝統的な帽子をあわせて（右）。豪華な刺繍のワンピースも素敵！（左）。／左・創業者でデザイナーのマティルデさん（右）と、デザイナーのふたりの娘さん。

≡ Mojaelchurro
モハエルチュロ

並んでも食べたい愛情たっぷりチュロス

アラブが起源の揚げパンともいわれるお菓子、ソパイパス(sopapas)４€。

左・笑顔で迎えてくれるオーナーのソレさん。お店の前に座って食べられるテラス席がある。／下・チュロスとポラス(手前に見える輪)の両方を、注文に応じてつくっているので大いそがし。

　老舗のチュロス屋が多いなか、2017年にオープンしたお店。選べるトッピングにコルドバならではのサルモレホやイベリコ豚のソーセージなどがあり、今までに見たことがないメニューが並んでいます。チュロスの常識を覆す新しいコンセプトのお店かと思いきや、伝統的なヘリンゴス(コルドバでのポラスの呼び方)は地元の人にも大人気。それもそのはず、オーナーのソレさんのお母さんが長年、チュレラ(チュロス職人)として働いていたそうで、幼い頃からその味を食べて育ってきました。お店のオープンを後押ししてくれた、インテリアデザイナーの息子さんがデザインしたレトロなお店もおしゃれ。味も空間も家族でつくり上げたあたたかさが伝わってくる素敵なお店です。

上・チュロス5本とグルテンフリーのチョコラテのセット3.80€。チュロスかポラスかを選べる。／左・クッキーやチョコ、蜂蜜、ヘーゼルナッツなどのトッピングつきのチュロス3.80€も。

📍 Calle Corregidor Luis de la Cerda 43, Córdoba
📞 656 867 235／🌐 facebook.com/mojaelxurro
🕐 8:00～12:00、16:00～20:00、
　日曜8:00～14:00、16:00～20:00、火曜休
MAP 📍 P.119 B-3

☰ Tetería Petra
テテリア・ペトラ

セスペデス通り（Calle Céspedes）をメスキータに向かって歩くと右に見えるこの風景が目印。アーチの奥にお店が。

メスキータの鐘の音響く隠れ家

「コルドバの歴史に興味を持ってくれている人たちに、イスラム文化の香りを感じてもらえるお店を」と、アブデル・バリさんが2008年にメスキータのそばにオープン。アラブのお茶やお菓子のほかに、クスクスなどのモロッコ料理も人気。食事できる時間が決まっている飲食店が多いスペインで、食べたい時に食べる、というアラブの習慣を尊重して一日中食事を提供しているのも◎。

左上・おすすめはお店と同じペトラという名前のプーアル茶3.50€〜。オレンジとシナモンが入っている。／左・自然いっぱいのテラス席が好きだけれど、食事は落ち着いた雰囲気の店内で取るのもいい。

📍 Calleja de la Hoguera 3, Córdoba／📞 603 188 712
🕐 13:00〜24:00、無休／MAP 📍 P.119 B-4

☰ Pastelerías Roldán
パステレリアス・ロルダン

地元でいちばんの有名カフェ

2020年、市内に16店舗目をオープンしたパステレリア。カフェを併設した、スイーツとパンのお店です。とにかく人気で、どこの店舗も地元客でにぎやか過ぎてそのパワーに圧倒されるほどですが、この新店はほかとは異なりリラックスできる雰囲気。モダンなデザインの明るい店内はソファ席がメインです。朝ごはん、軽食のパン類も充実しています。

上・レストランやバルが並ぶ大通りにありデパートも近い。時間を問わず軽食が取れるのも◎。／右・甘めの菓子パン1.50€〜。時期によっては伝統菓子もあるので聞いてみて。

📍 Avenida del Gran Capitán 29, Córdoba
📞 957 896 003／🌐 pasteleriasroldan.com
🕐 7:30〜19.00、無休／MAP 📍 P.118 A-1

パステル・コルドベスのホール15.50€。お店では一人前1.95€から食べられる。

La Bicicleta
ラ・ビシクレタ

ナチュラルに、シンプルに

　おしゃれなお店が並ぶリベラ地区にあるカフェバルで、地元っ子に人気。2012年に「無駄をなくす」をコンセプトに、兄妹がオープンしました。地元のオーガニック食材にこだわる料理は、サルモレホにリンゴがのっていたり、ケーキにも果物や野菜がふんだんに使われているのが特徴。ナチュラルジュースにも、マドラーのかわりにパイナップルの葉を利用しています。

本日のケーキ5.95€の横には果物や野菜が添えられているので、結構お腹がいっぱいになる。

上・お父さんのお店跡にカフェバルをオープンしたペドロさんとアナさん。／右・改装は最低限に、壁にはお父さんのお店時代のドアを飾っている。

📍 Calle Cardenal Gonzalez 1, Córdoba
📞 666 544 690／🛜 facebook.com/labicicletacordoba
🕐 10:00〜翌1:00、無休／MAP 📍 P.119 B-3

Mercado Victoria
ビクトリア市場

天気のいい日はテラス席で

ト・スペイン各地の料理が並ぶ。どの店もサンプルがおいてあるので指差しで頼めるのがうれしい。／左・有名シェフ、フアンホ・ルイスさんのサルモレホ5.90€。アボカド、イカスミ入りなど10種類ある。

　少し前までメルカド（市場）といえば、食材を求める人たちでにぎわい、庶民の生活感あふれる場所というイメージでした。それがここ数年、スペイン各地のメルカドがリニューアルしてバルが併設され、観光客にも人気に。そんななか、アンダルシアで最初にフードコートとして誕生したのが、緑豊かな庭園内にあるこちら。20以上のお店が並んでいます。

📍 Paseo de la Victoria 3, Córdoba
📞 957 290 707／🛜 mercadovictoria.com
🕐 6月15日〜9月14日11:00〜翌1:00
　（金土曜・祝日の前日翌2:00）、
　1月〜6月14日・9月15日〜12月10:00〜24:00
　（金土曜・祝日の前日翌2:00）、無休
MAP 📍 P.118 B-1

Mercado Los Patios de la Marquesa
ロス・パティオス・デ・ラ・マルケサ市場

生ハム入りのロールカ
ツ、コルドバ名物のフラ
メンキン11€。

宮殿がフードコートに

　メスキータからわずか徒歩2
分、世界遺産に指定されてい
る歴史地区に建つ17世紀建造
の宮殿にできたフードコート。
モダンに改築された1階部分に、
3つのパティオを囲むように9
つの飲食店が入っています。コ
ルドバ料理、アンダルシアのタ
パス、パエリア、ワイン、モロ
ッコ料理のお店、テテリアなど
があり、カジュアルに楽しみた
い時におすすめです。

上・明るいパティオでは、
展覧会やコンサートなど
の催しも頻繁に行われて
いる。／左・スイーツは、
花が飾られているパティ
オでゆっくり楽しんで。

📍 Calle Manriquez 4, Córdoba
📞 633 253 730／🛜 lospatiosdelamarquesa.com
🕐 12:00〜24:00、土日曜休
MAP 📍 P.119 B-4

Taberna La Viuda
タベルナ・ラ・ビウダ

上・現オーナーのおば
あさん（創業者）の自
慢の味が受け継がれ
ているラボ・デ・トロ
15€。／右・マサモラは
タパ（小皿）3€もある
ので、ぜひ試してみて。

100年以上愛される郷土料理を

　タベルナとはお酒中心のお店。ラ・ビウ
ダも1920年創業時はお酒のみを提供して
いました。後に料理も出すようになり、当
時のタベルナの形を変える先駆けとなった
お店なのだそう。100年前のレシピを受け
継いでいるメニューも味わえます。店内は
あたたかみのある内装で、カジュアルレス
トランといった感じ。落ち着ける雰囲気の
なか、おいしい郷土料理をどうぞ。

📍 Calle San Basilio 52, Córdoba／📞 957 296 905／🛜 tabernalaviuda.com
🕐 12:00〜15:00、20:00〜23:30、無休／🍴 英語メニュー ○／MAP 📍 P.118 C-2

Bodegas Mezquita
ボデガス・メスキータ

コルドバのグルメがすべて詰まったお店

上・川沿いにある人気の
リベラ店。プエンテ門前に
はタパス中心のOBA店も
あり、門をながめながら楽
しむワインやコーヒーもお
すすめ。／左・ペドロ・ヒメ
ネスの甘いソースがかか
ったナスのフライ3.75€
〜は、肉厚でジューシー。
／下・コルドバのケーキ
（パイ）はしっかり甘いの
で、砂糖抜きの飲みもの
と一緒にどうぞ。

バエリアは2人前以上からし
か注文できないお店が多いな
か、タパがあるのもうれしい。

クオリティが高い郷土料理を気軽にタパ（小皿）か
ら頼むことができ、メスキータ周辺の便利な場所に5
店舗展開するレストラン。1998年に前身となるグル
メショップをオープン、2004年にレストランをはじ
めてからあっという間に人気店になりました。1960
年代から地元産のワインや食品販売に携わってきた
家庭に育ったオーナーは、豊富で高品質な食材やワ
インの素晴らしさを知ってほしいと徹底してコルドバ
産にこだわっています。サルモレホやマサモラ、フラ
メンキン、ラボ・デ・トロはもちろん、ペドロ・ヒメ
ネスがかかったナスのフライもオリジナルでおすすめ。
伝統的な料理以外にもビーツやチェリーのサルモレ
ホや、コルドバのサッカーチームをイメージした緑と
白のサルモレホなど、創作料理も豊富です。

Ribera リベラ店

- Calle Ronda de Isasa 4, Córdoba
- 957 116 913
- bodegasmezquita.com
- 12:30〜24:00（金土曜翌1:00）、無休
- 英語メニュー ○／MAP P.119 B-3

Céspedes セスペデス店

- Calle Céspedes 12, Córdoba
- 957 490 004
- 12:30〜24:00（金土曜翌1:00）、無休
- 英語メニュー ○
MAP P.119 A-4
※ほか3店舗（MAP P.118 B-2、
　P.119 B-3、B-4)あり

コルドバのグルメが
詰まったお店です！

Regadera
レガデラ

心がこもったていねいな料理を味わう

上・ラボ・デ・トロのカネロニ18€。牛テールがベシャメルソース、チーズと絡み合い口のなかでとろける。／下・アイスが入ったお菓子のレモンを割り生クリーム、スポンジケーキと混ぜて食べるデザート8€。

上・アドリアンさんお気に入りの一角。以前のお店にあったライトを今のお店でも大事に使っている。／右・オーナーシェフのアドリアンさん。有名ホテルのシェフを経て2011年に自分の店を開業した。

園芸職人でもあったアドリアンさんが心を込めて育てているハーブ。

📍 Calle Ronda de Isasa 10,
　 Córdoba
📞 676 025 695
🛜 regadera.es
🕐 13:00〜16:00、20:00〜22:30、無休
🍴 英語メニュー ○
MAP 📍 P.110 B-3

　グアダルキビル川沿いに連なる個性的なバルやレストランのひとつで、なかでも地元のおしゃれな人たちが集まるレガデラ。コルドバで今もっとも注目されているシェフのひとり、アドリアン・カバジェロさんのお店です。店内には大きな窓からたっぷり太陽の光が差し込み、10種類以上のハーブが植えられたミニ「ハーブ畑」も。棚や壁にはアドリアさんが大切にしてきたものが飾られていて、洗練されていながらあたたかい雰囲気。料理にもそのぬくもりがあらわれている感じがします。地元産の新鮮な食材にこだわり、郷土料理にアイデアを加えたメニューが並び、とくに手間ひまかけたサルモレホやラボ・デ・トロ、レモンのデザートはここでしか味わえない逸品です。

El Patio de María
エル・パティオ・デ・マリア

マリアさん家のパティオで食事を

古い台所用品や幼い頃の写真など
が飾られた壁。右には井戸も。

　コルドバでは、ぜひパティオ
で食事をしてみたいと思ってい
る人も多いはず。パティオ風に
しているレストランはたくさん
ありますが、本物の家庭のパ
ティオで食事ができるお店は
多くありません。ここエル・パ
ティオ・デ・マリアは「マリア
のパティオ」という店名の通り、
オーナーのマリアさんが実際に
住んでいるおうち。レストラン
オープン前は、長年パティオ
祭りにも参加していて3位に輝
いたこともある正真正銘のパテ
ィオです。本当にマリアさん宅
に招かれているかのように感じ
られる空間。気取らないコルド
バの家庭のパティオそのままの
装飾のなか、素朴な家庭料理
を楽しんで。ポトロ広場からも
う少し真っすぐ歩き、左にある
小さな扉を開けるとそこがマリ
アさんのパティオへの入口です。

上・18世紀に改築された一軒
家のパティオ。小鳥のさえずり
をBGMに、ゆったりと時間が
流れている。／左・木製や素
敵なタイル使いのテーブルが
並ぶパティオのほか、室内にも
テーブル席がある。

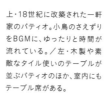

📍 Calle Don Rodrigo 7, Córdoba
📞 610 289 400
🌐 elpatiodemaria.com
🕐 13:00〜16:00、20:00〜24:00、火曜休
🍴 英語メニュー ○
MAP 📍 P.119 B-3

フラメンキン10€、サルモレホ8€、ラボ・デ・トロ20€などの郷土料理の
ほか、キヌア料理やリゾットなども。

スーパーで見つけたおみやげ

はじめて訪れた町でスーパーに入る時、ちょっとわくわくしませんか？
その町の食文化や生活に触れられるスーパーが、私は大好き。
地元コルドバの人たちにも人気で、おみやげにもおすすめの商品を選んでみました。

▲小さな缶に入ったパプリカ入りの
オリーブ3缶セット1.60€。アンチョ
ビ入りも人気。/Ⓐ

◀オレンジピール
入りのダークチョ
コ1.20€は自社ブ
ランド製。カカオ
72%でほどよいほ
ろ苦さ。/Ⓐ

▶1881年創業の
人気チョコレート
屋バロールのチョ
コ1.88€。天然の
甘味料のみを使用。
/Ⓐ

◀ペドロ・ヒメネス
のバルサミックビネ
ガー2.99€。サラダ、
お肉、魚料理、チー
ズ、デザートに◎。
/Ⓐ

▶マラガ県の村ア
ルガロボの焼き菓
子トルタ・デ・アセ
イテ。食べ応えあ
るクッキーのよう。
12個入りで2€。
/Ⓐ

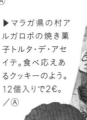

◀しっとり、でもべ
たつかずが◎。シ
スベラというブラン
ドのデコルテ用保
湿クリーム5€。/
Ⓐ

▼Herbabuena（スペ
アミント）入りモロッコ
のミントティー1.10€。
Té de Mentaと間違
えないで。/Ⓐ

▶自社ブランドの
アルガンオイル入
りボディクリーム
（250ml）1.80€。
ぜいたくに使える！
/Ⓐ

◀最高級のイベリコ豚
ベジョタのレバーパテ
（左）、ペドロ・ヒメネス香
るイベリコ豚のレバーパ
テ（右）各1.89€。/Ⓑ

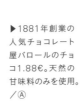

▶ホットミルクに溶かすだけの人気チョコレートドリンク、コラカオ1.76€。小袋6つ入り。／®

◀オレンジの花の蜂蜜500g 7.25€。ユーカリ、ローズマリーなど6種類（各250g）セット17.85€も。／®

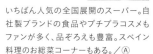

Mercadona
メルカドーナ

いちばん人気の全国展開のスーパー。自社製ブランドの食品やプチプラコスメもファンが多く、品ぞろえも豊富。スペイン料理のお総菜コーナーもある。／Ⓐ

📍 Avenida de Medina Azahara 31, Córdoba
📞 957 236 638／🌐 mercadona.es
🕐 9:00〜21:30、日曜・祝日休
MAP 📍 P.118 B-1
※ほかにMAP 📍 P.118 A-1などに店舗あり

Supermercado
（El Corte Inglés）
スーベルメルカド
（エル・コルテ・イングレス）

ほかではあまり見かけないものもあるデパート内のスーパー。クルブ・デル・グルメ（Club del Gourmet）というコーナーにはちょっと高めのおしゃれなおみやげも。／®

📍 Avenida Ronda de los Tejares 30, Córdoba
📞 957 222 881
🌐 elcorteingles.es/supermercado
🕐 10:00〜22:00、日曜・祝日休
MAP 📍 P.118 A-1

 スーパーを利用する際に知っておきたいこと

手で直接、触らないようにビニール手袋がおいてあるお店もある。

1. 大きなバッグは入口で預ける

万引き防止のため、大きなバッグは持ち込めません。通常はロッカーに入れますが面倒くさいので小さなバッグを持って行くのがおすすめ。レジ袋は有料なので、たためるバッグを忘れずに。

2. ペットボトルはばらして買える

水やビール、トマトソースなどはまとめてパックされたままおいてありますが、すでにパックがやぶかれているもの、divisible（ディヴィシブレ）と書いてあるものは バラバラにしてほしい数だけ買えます。

3. 野菜や果物は量り売りのスーパーが多い

積んである場合、ビニール袋にほしいだけ入れます。そして、計量器にのせ商品の番号を押すと、値段などが書いたシールが出てくるので、それをビニール袋に貼ります。メルカドーナなどではレジで量ってくれます。

4. 「先に行かせて」と頼まれることがある

レジで並んでいると、少ししか買わない人に「先に行かせて」といわれることがあります。ほとんどの場合、みんな通してあげています。その反対に「先に行って」といわれる時も。「グラシアス」とほほえんで先に行かせてもらいましょう。

有料のレジ袋がほしい場合は「ウナ・ボルサ・ポルファボール」といおう。

5. レジ台にかごをのせない

レジでは商品をかごから取り出して、ベルトコンベアの上に並べます。レジを通した後は、自分で袋に入れていきます。スペースがせまく、次の人の邪魔になりそう……と日本人的には焦りますがご心配なく。スペイン人はみんなマイペース。

6. お釣りをきっちりくれない時がある

1、2センティモのお釣りの場合、くれない時があります。また逆に、まけてくれることも。買ったものの金額にもよりますが、5センティモ以上でも何もいわずにくれない場合は文句をいいましょう。

7. レシートをもらうのを忘れない

必ずレシートをもらってください。そしてその場で、間違いがないか必ずチェックを。スペインのショップではレシートがなければ、返品や交換ができないので注意しましょう。

8. 何も買わずに出る時は専用出口から

日本のスーパーのようにオープンではないので、何も買わないで外に出ようとすると、出口がわからない場合があります。そんな時は「Salida sin Compras」から。

9. 日曜＆祝日クローズのスーパーが多い

多くのスーパーは、日曜、祝日は閉まっています。とくに移動日など「到着してすぐスーパーへ」と思っている時はご注意を。カルフール・エクスプレス（Carrefour Express）など毎日営業しているところもあるので、位置を確認しておくと安心。

田園風景に
敷き詰められた
黄色い絨毯

ひまわり畑へ！

　コルドバのパティオ祭りが終わり、肌に刺さる日射しを感じるようになった頃。5月の終わりから6月はじめにかけて、アンダルシアのひまわりは見ごろを迎えます。その広大な敷地いっぱいに広がるひまわり畑と青い空のコントラストはフォトジェニック。アンダルシアの初夏を代表する風景でもあります。一見、鑑賞用のひまわり畑のように思えるかもしれませんが、そうではありません。スペインではオリーブオイルほどではありませんが、ひまわり油の需要も多いのです。また、ピパスと呼ばれるひまわりの種をスナックとして

アンダルシア地方の広範囲に広がるひまわり畑。バスや列車の車窓からの風景も見逃さないで。

食べる習慣もあり、ひまわりはアンダルシアの重要な産業のひとつです。

　畑は通常、個人の土地で車でしか行けないところにあるので、所有者である農家と契約している現地発のツアーに参加するのがおすすめ。レンタカーがあれば、危なくないところに止めてながめたり写真を撮ったりすることはできますが、畑を荒らす人たちもいるので畑の所有者が駆けつけてくる場合もあります。柵や囲いがなくても他人の土地なので、畑のなかまで入ることのないように気をつけましょう。

コルドバ発ひまわり畑見学ツアー
催行旅行会社

Caracol Tours
カラコル・ツアー

🛜 caracoltours.es

オリーブ畑と
岩山に浮かぶ白い家々

Zuheros
スエロス

コルドバ市から南東へおよそ70
km行ったところに、2015年に「ス
ペインで最も美しい村」のひとつに
選ばれたスエロスという白い村があ
ります。ラス・シエラス・スブベテ
ィカス自然公園の北の入口、海抜
約660mにある人口600人ほど小
さな村は、ほかの多くの白い村と同
様に、細い道に面して家が集まり
バルコニーには色とりどりの花が飾
られています。異なるのは、オリー
ブ畑が広がるなだらかな田園地帯
と、けわしい岩が連なるスベティカ
ス山脈の境界に位置していること。
白い家々が大自然に浮かび、壮大
な岩山と隣りあわせる景色は内陸
部にありながら開放的。ハイキング
や登山コースがたくさんあるなど、
自然を楽しむアクティビティも充実
しています。また、チーズづくりが
盛んで、年に一度、世界中の約20
の伝統的な小さなチーズ工房が参
加するチーズ祭りも開催されてい
ます。とくに自然が好きな人にぜひ
訪れてほしい白い村です。

上・この風景を目の
前にすると自然の
なかを歩いてみたく
なるので、履きなれ
た靴で行くのがお
すすめ。／左・9世
紀にアラビア人が
建てたスエロス城。
敷地内には15世紀
に建てられたルネ
サンス建築の宮殿
の遺跡も残る。

広大なオリーブ畑が
広がる地帯と、けわ
しい地形の間にいる
ことがわかる村から
のながめ。

小さなスペースに工夫して植えてある
花々のおかげで街歩きが楽しい。

チーズの村スエロ
スでは、地元のチ
ーズのほかコルド
バ産のいろいろな
味のチーズを試し
てみて。

コルドバからのバ
ス停のすぐ近くの
バル。自家製チー
ズケーキも美味。

Mesón Atalaya
メソン・アタラヤ

📍 Calle Santo 58, Zuheros, Córdoba
📞 957 138 477
🕐 9:00〜17:00. 月曜休

素朴であまり観光化されていないけど、整
然としていて散策が気持ちいい家並み。

─ ACCESS ─

コルドバから：バス（Carrera社）で約1時間45分

コルドバ県の
白い村

コルドバ県には、スエロス以外にも
白い村がたくさんあります。
車窓に広がるオリーブ畑を
楽しみながら出かけてみてください。

MAP 📍 P.7

県などが主催するコ
ンクールで、美しい街
角にも選ばれた「コメ
ディアスの中庭」。

Iznájar イスナハル

　ラス・シエラス・スブベティカス自
然公園の南にある村で、コルドバ県
の最南端にあります。周囲100kmを
越えるアンダルシア最大の人工湖に
囲まれているため、まるで海に浮かぶ
島のよう。その姿はほかの白い村とは
一線を画し、ビーチもつくられウォー
タースポーツも楽しめます。

📶 turismodelasubbetica.es/iznajar
コルドバから：バス（Carrera社）で約2時間15分

ときどき中世のお祭りなど
の催しものもあるので、ぜ
ひチェックを。

古くは村の中心部だったビジャ地区。白壁に花があふれるせまい通りが続く。

Priego de Córdoba
プリエゴ・デ・コルドバ

　オリーブオイルの生産地として有名なプリエゴ
は、コルドバ市から南東へ103km、海抜652mに
あり、ラス・シエラス・スブベティカス自然公園の
東側に位置しています。バロック様式の建物が多
いので「コルドバのバロックの宝石」、また泉が多
いので「水の都」とも呼ばれている美しい村です。

📶 turismodepriego.com

コルドバから：
バス（Carrera社）で約2時
間、グラナダからバス（Alsa
社）で約1時間45分

ドラマのロケ地として知られる村

　コルドバ市の約22km西に位置する白い村、アルモド
バル・デル・リオ（Almodóvar del Río）。村より131m高
い海抜252mの丘にアルモドバル城があり、列車などの
車窓からもながめることができます。1901年から36年
かけて再建されたアルモドバル城は、アメリカのテレビド
ラマ「ゲーム・オブ・スローンズ」の撮影
場所としても知られています。

📶 castillodealmodovar.com
（Castillo de Almodóvar）

コルドバから：路線バス（Consorcio de
Transporte M 250）で約35分

Granada

グラナダ

イスラム文化が色添う町

Granada
グラナダ

上・歴史ある通りのひとつ、ダロ川沿いのダロ通り（Carrera del Darro）。夕暮れ時は幻想的な雰囲気に。／右・グラナダ散策に欠かせないアルバイシン地区。石畳の坂が多いので歩きやすい靴で。

1492年に陥落するまで、8世紀にわたり支配していたイスラム王朝最後の都だったグラナダ。アンダルシアでもっとも深くイスラム文化が残り、今なおアルハンブラ宮殿に見守り続けられている町は、多くの人々を惹きつけてやみません。なかでもとくにアラブの香りが感じられるアルバイシン地区は、アルハンブラ宮殿が建てられる前に王宮やモスクがあったエリアです。旧市街の大聖堂のまわりには、レストランやバルなどが集まっていて、市民の日常に観光客がとけ込みにぎわって

います。ドリンクを頼むとタパスがついてくるという、グラナダスタイルのバルを体験するのも旅の楽しみのひとつ。ショッピングはレコヒダス通り（Calle Recogidas）とレジェス・カトリコス通り（Calle Reyes Católicos）に、たくさんのお店が集まっています。

　散策におすすめなのはパセオ・デ・ロス・トゥリステス（Paseo de los Tristes）と呼ばれているアルハンブラ宮殿を見上げる遊歩道。大聖堂から町の中心ヌエバ広場を越えるとダロ川が見えてきて、ここから川沿いの情

サン・ニコラス展望台から見た、夕暮れ時のアルハンブラ宮殿とグラナダの町。

ドリンクを頼むとついてくるおまかせタパスが、選べるお店もある。

── ACCESS ──

マラガから：鉄道で約2時間35分／バスで約1時間45分

セビージャから：鉄道で約2時間25分／バスで約3時間

コルドバから：鉄道で約1時間30分／バスで約2時間30分

※マラガ〜グラナダ間の鉄道は乗り継ぎがあり、往路と復路で所要時間が大きく異なる場合がある

※駅から中心部へは4番の市バスで約15分。駅を出てアンダルセス通り（Avenida de Andaluces）を北へ歩き、コンスティトゥシオン通り（Avenida de la Constitución）を右に曲がったところにバス停がある。料金は1.40€。券売機でチケットを購入する。バスターミナルから中心部へは、33番の市バスで約15分。料金は1.40€。乗車時に運転手からチケットを購入する

ローマ時代の貨幣なども展示されている、グラナダ考古学博物館。

緒ある道が続きます。右には川にかかる橋やその向こうの建物、左にはアルバイシン地区の中心に続くせまい坂や階段が。グラナダでもっとも古いイスラム建築物でもある11世紀のアラブ浴場跡や考古学博物館もあり歴史にたっぷり浸っていると、右上前方にアルハンブラ宮殿が見えてきます。川沿いに腰掛けおしゃべりしている地元の人たちと旅行者が、同じ空間でくつろぐ時間——。こんなあたたかさをグラナダのところどころで感じることができます。

グラナダはスペイン語でザクロを意味する。通り名のタイルなど町にはザクロモチーフが散りばめられている。

観光には巡回バスが便利！

　グラナダは小さな町ですが坂が多いので、アルハンブラ宮殿やアルバイシン、サクロモンテ地区に行く時は巡回バスがおすすめです。アルハンブラ宮殿へはイサベル・ラ・カトリカ広場からC30のバスに乗車を。アルバイシン地区へはC31、サクロモンテ地区へはC34のバスにヌエバ広場から乗車できます。またアルハンブラ宮殿とアルバイシン地区を巡回するC32もあり、イサベル・ラ・カトリカ広場から乗車します。運賃はすべて1.40€で、乗車時に運転手からチケットを購入します。10€札まではお釣りを出してくれますが、なるべく小銭の用意を。またクレディブス（Credibus）というチャージ型のカードもあり、2€のデポジットを払って運転手から購入します。5、10、20€のチャージができ、1回の料金が0.80€になるのでかなりお得。複数人でも使用できます。

コンパクトな巡回バス。

グラナダ中心部MAP

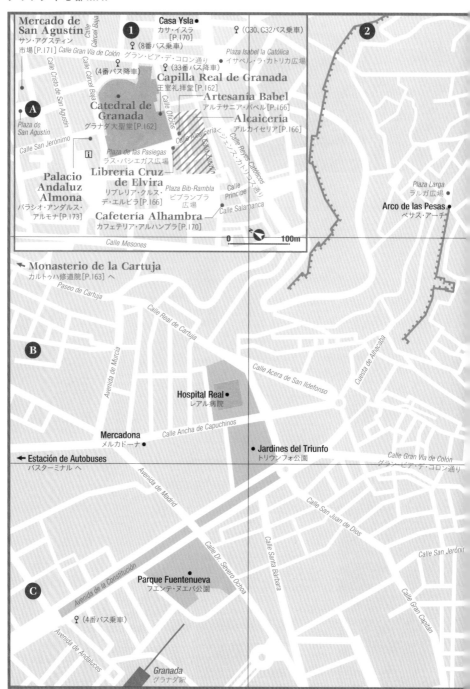

Mercado de
San Agustín
サン・アグスティン
市場[P.171]

A

Plaza de
San Agustín

Calle Cristo de San Agustín

Calle Cárcel Baja

Calle Cárcel Baja

Calle Gran Via de Colón

Casa Ysla •
カサ・イスラ
[P.170]

♀ (8番バス乗車)

グラン・ビア・デ・コロン通り

♀ (4番バス降車)

1

♀ (C30、C32バス乗車)

Plaza Isabel la Católica
イサベル・ラ・カトリカ広場

♀ (33番バス降車)

Capilla Real de Granada
王室礼拝堂[P.162]

Catedral de
Granada
グラナダ大聖堂[P.162]

Calle San Jerónimo

ℹ️

Plaza de las Pasiegas
ラス・パシエガス広場

Calle Oficios

Artesanía Babel
アルテサニア・バベル[P.166]

Alcaicería
アルカイセリア[P.166]

Calle Alcaicería

Calle Reyes Católicos

レジェス・カトリコス通り

Palacio
Andaluz
Almona
パラシオ・アンダルス・
アルモナ[P.173]

Librería Cruz
de Elvira
リブレリア・クルス・
デ・エルビラ[P.166]

Plaza Bib-Rambla
ビブランブラ
広場

Calle
Principe

Calle Salamanca

Cafetería Alhambra
カフェテリア・アルハンブラ[P.170]

Calle Mesones

0   100m

2

Plaza Larga
ラルガ広場 •

Arco de las Pesas
ペサス・アーチ

➤ Monasterio de la Cartuja
カルトゥハ修道院[P.163] へ

Paseo de Cartuja

Calle Real de Cartuja

B

Avenida de Murcia

Calle Acera de San Ildefonso

Cuesta de Alhacaba

Hospital Real •
レアル病院

Mercadona
メルカドーナ •

Calle Ancha de Capuchinos

• Jardines del Triunfo
トリウンフォ公園

Calle Gran Via de Colón
グラン・ビア・デ・コロン通り

← Estación de Autobuses
バスターミナル へ

Avenida de Madrid

Calle Dr. Severo Ochoa

Calle Santa Bárbara

Calle San Juan de Dios

Calle San Jerónir

C

Avenida de la Constitución

Parque Fuentenueva
フエンテ・ヌエバ公園

♀ (4番バス乗車)

Avenida de Andaluces

Calle Gran Capitán

Granada
グラナダ駅

【本書紹介スポット】 見どころ&その他／ショッピングスポット／飲食店／ホテル

↑ Museo Cuevas del Sacromonte
サクロモンテ洞窟博物館[P.102] へ
↑ サクロモンテ地区 へ

3

4

Generalife
ヘネラリフェ[P.161]
チケット売り場(入口) ●

Los Tarantos ●
ロス・タラントス[P.101] ●

Palacio de los Córdova ●
コルドバ宮殿

La Alhambra
アルハンブラ宮殿[P.158]

Plaza del Salvador ●

El Partal ●
エル・パルタル宮殿[P.161]

● Parador de Granada
パラドール・デ・グラナダ

Iglesia del Salvador
サルバドール教会

● Jardines del Partal
パルタル庭園

Iglesia de San Nicolás ●
サン・ニコラス教会

Palacios Nazaries ●
ナスル朝宮殿[P.160]

● Terraza
テラサ[P.171]

● Museo Arqueológico y Etnológico de Granada
グラナダ考古学博物館

Palacio de Carlos V
カルロス5世宮殿

─ Mirador de San Nicolás
サン・ニコラス展望台[P.164]

● Alcazaba
アルカサバ[P.161]

La Tetería del ● El Bañuelo
アラブ浴場跡
Bañuelo
ラ・テテリア・デル・バニュエロ[P.168]

ALBAICÍN

Pastelería Andalusí Nujaila
パステレリア・アンダルシ・ヌハイラ[P.169]

Calle Molinos

Plaza Nueva ●
ヌエバ広場

☿ (C31、C34バス乗車)

REALEJO

アルバイシン地区
散策出発地点[P.164]

Calle Pavaneras

グラナダ大聖堂周辺拡大MAP(P.156左上)

Fuente de las Granadas ─
グラナダの噴水

Plaza Isabel la Católica ●
イサベル・ラ・カトリカ広場

Casa Ysla
カサ・イスラ[P.170] ─

Catedral de ● Capilla Real de Granada
Granada
王室礼拝堂[P.162]
グラナダ大聖堂[P.162]

Plaza Bib-Rambla
ビブランブラ広場

Bar Ávila II
バル・アビラ(2号店)[P.172]

El Corte Inglés
エル・コルテ・イングレス

Puerta
Real

Calle Mesones

─ Bar Ávila I
バル・アビラ(1号店)[P.172]

Room Mate Leo Hotel ●
ルーム・メイト・レオ・オテル[P.183]
Calle Alhóndiga

Casa Ysla
カサ・イスラ[P.170]

0   200m

☰ La Alhambra
アルハンブラ宮殿

イスラム建築最高峰の宮殿都市

レコンキスタ後、16世紀に建てられたカルロス5世宮殿。ミュージアムも併設されている。

緑と花と水に癒されるヘネラリフェは、のんびり散策したい。

スペイン語でラ・ランブラと呼ばれるアルハンブラ宮殿。名前はアラビア語の「赤い城」に由来しています。宮殿と表されますが、実際は、城壁に囲まれた広大な敷地に、異なる時代に建てられた多くの建物や庭園、それらをつなぐ道がのびる宮殿都市でした。町全体とグラナダ平原を支配する位置にあることから、イスラム教徒がイベリア半島に到着する以前にすでに建物があったといわれています。現在見られる大部分は、13世紀にムハンマド1世が王宮を建設したナスル朝時代のもの。その後、長い歴史の間に増築、修復が重ねられています。

アルハンブラ宮殿は自由に見学できるエリアと、チケットが必要なエリアに分かれています。チケットが必要なのは、ナスル朝宮殿（パルタルを含む）、アルカサバ、ヘネラリフェ。昼間に全エリアに入場できる一般チケットはAlhambra General。購入時にナスル朝宮殿の入場時間を予約しますが、そのほかのエリアは一日中、自由に見学できます。チケットは公式サイトで購入できますが、グラナダカードを購入するのもおすすめです。

敷地内は広く見どころが多いので、急ぎ足だと大切なところを見逃してしまうかもしれません。またルートに沿って見学しているだけでも、かなり歩くことに。ナスル朝宮殿をできるだけ早い時間に予約して、疲れたらゆっくり休憩をはさんで……というくらい時間に余裕を持って見学するのがいいでしょう。

敷地内にはアルバイシンを一望できるスポットがあちこちに。

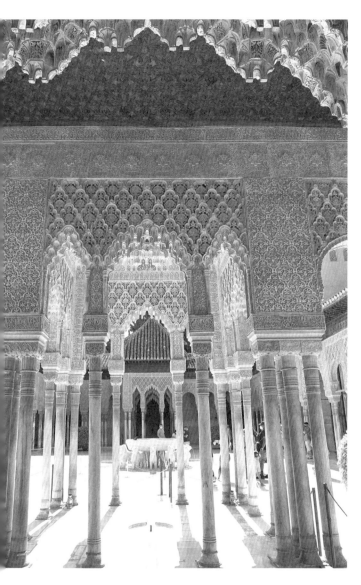

ナスル朝宮殿内のいちばんの見どころ、ライオンの中庭。柱やアーチの装飾も見逃せない。

グラナダカードもおすすめ

　グラナダカードは、アルハンブラ宮殿のほかにカテドラル、王室礼拝堂、カルトゥハ修道院などの観光スポットの入場券とバスチケットがセットになっていて、じっくりグラナダの観光を楽しみたい人にとってはお得なカード。またアルハンブラ宮殿の公式サイトで入場チケットが売り切れていても、グラナダカードでは残っている場合もあるので要チェックです。

🌐 granadatur.com/
　granada-card
💶 グラナダカード40€

📍 Calle Real de la Alhambra s/n, Granada
📞 958 027 971／🌐 alhambra-patronato.es
🕐 昼間4月〜10月14日8:30〜20:00、1〜3月・10月15日〜12月8:30〜18:00、
　夜間4月〜10月14日22:00〜23:30、
　1〜3月・10月15日〜12月20:00〜21:30、1月1日・12月25日休
💶 一般（Alhambra General）14€、夜間ナスル朝宮殿8€、ほか
MAP 📍 P.157 A-4
※入場口まで上り坂なので、とくに行きはバスがおすすめ。イサベル・ラ・カトリカ広場からC30番のアルハンブラ宮殿行き、またはC32番のアルハンブラ宮殿・アルバイシン地区巡回バスに乗車、所要約15分

Palacios Nazaríes
ナスル朝宮殿

アルバイシンを望む素晴らしいながめのなか、瞑想が行われていた祈祷室。

アラヤネス（天人花）のあざやかな緑とコマレス宮が水鏡に映るアラヤネスの中庭。

二姉妹の間のバルコニーからは、幾何学模様に整えられたリンダラハの庭園を望める。

上・もっとも重要なイスラム彫刻ともいわれているライオンの中庭の噴水。／下・ムカルナスという鍾乳石状の装飾が施されている、アベンセラヘスの間の星形の天井。

　王族の住居があり、政治の中心でもあったナスル朝宮殿は、3つの宮から構成されています。もっとも古い建物メスアール宮は、会議をする場所。来訪者の控え室でもあり、また裁判も行われていました。祈祷室には、自然と神の創造物の偉大さを感じながら瞑想できるようにとつくられた大きな窓があります。アラヤネスの中庭があるコマレス宮は、政治と外交の中心となる場所でした。池の水面が水鏡となって塔を映し出す中庭は有名な撮影スポット。アルハンブラ宮殿内でもっとも高い45mの塔があり、塔内には他国の大使が王に謁見するために使われた大使の間が。宮殿内最大の広さを誇り、荘厳なつくりが印象的です。

　王族のプライベート居住空間だったのがライオン宮。宮殿内でいちばん美しいといわれるライオンの中庭には、124本の大理石の柱が立ち並び12頭のライオンが噴水の水盤を支えています。さらに、星形の鍾乳石飾りが美しく、水盤に赤いしみのようなものがあることから、王を裏切ったアベンセラヘス一族がここで惨殺されたという伝説があるアベンセラヘスの間、同じく天井の鍾乳石飾りが見事で、リンダラハの庭園のながめが素晴らしい二姉妹の間などがあり、見どころたっぷりです。

MAP 📍 P.157 A-4

El Partal

パルタル宮殿

ナスル朝宮殿を出ると広がっているのが、緑あふれるパルタル庭園。そしてアルバイシン地区を見渡す位置にあるのが、アルハンブラ宮殿内でいちばん古い宮殿、パルタル宮殿です。イスラム支配時代、このあたりには貴族の宮殿や邸宅が立ち並んでいました。池に写る貴婦人の塔と5つのアーチを描く柱廊は、人気の撮影スポットになっています。

庭園から見るパルタル宮殿も素敵。後方にはアルバイシン地区が。

MAP 📍 P.157 A-4

Alcazaba

アルカサバ

アルハンブラ宮殿内で最古の建築物、アルカサバの歴史は9世紀にさかのぼるといわれていますが、現在の建物はムハンマド1世によって13世紀に改築されたもの。王と息子ムハンマド2世はナスル朝宮殿ができるまで、ここを住居としていたことから兵士の住居跡なども残っています。いちばん背の高いベラの塔からグラナダ市内が一望できます。

遠くはシエラ・ネバダ（ネバダ山脈）まで、360度のパノラマが広がる塔からのながめ。真ん中に見えるのが大聖堂。

MAP 📍 P.157 B-3

Generalife

ヘネラリフェ

アルハンブラ宮殿から北へ徒歩約15分、城壁の外、太陽の丘にある13世紀末に建てられたこの離宮は王が過ごす夏の別荘でした。見どころはアセキアの中庭。バルコニーからアルハンブラ宮殿も見渡せ、回廊の壁に施されたアラベスク様式の彫刻も見ごたえ十分。1984年にアルハンブラ宮殿とともに世界遺産に登録されています。

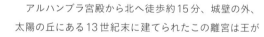

緑あふれる庭園のひとつ、アセキアの中庭。アセキアは「用水路」を意味し、中央に水路が流れる。

MAP 📍 P.157 A-4

1523年から181年
かけてつくられ、さま
ざまな建築様式が
混在している。

☰ Catedral de Granada
グラナダ大聖堂

煌びやかさ溶け込む白の世界

上・主祭壇上の美しいドームは、
金色の星でいっぱいの青空をイ
メージしている。／右・入口はラ
ス・パシエガス広場側にあるの
でご注意を。

　1492年ナスル朝グラナダ王国が陥落後、よりキリスト教的な外観の建物をとイサベル女王の命でモスク跡地に建設された大聖堂。永眠の地をグラナダと決めたイサベル、フェルナンドカトリック両王を埋葬する場所というのも目的のひとつでした。入った瞬間に白い世界が広がり、そのなかに豪華な黄金色の装飾が浮かび上がる、優美な大聖堂です。

📍 Calle Gran Vía de Colón 5, Granada
📞 958 222 959／🌐 catedraldegranada.com
🕐 10:00〜18:30、日曜・祝日15:00〜17:45、1月1日・12月25日休
💶 5€／MAP 📍 P.156 A-1

☰ Capilla Real de Granada
王室礼拝堂

大聖堂の裏側にある入口。写真左
の茶色のドアから入って、右のほう
に進むと礼拝堂がある。

安らかに眠るカトリック両王

　カトリック両王と娘フアナとその夫フェリペ、幼くして亡くなった両王の孫ミゲル王子が眠っている礼拝堂。大聖堂の一部のようになっていますが入口は別。建物としても大聖堂より前の1517年に完成しています。奥の部屋に展示されている女王の王冠、王の剣、衣装や王家のコレクションの絵画なども豪華。スペインの歴史の重みが伝わってくる感慨深い場所です。

📍 Calle Oficios s/n, Granada
📞 958 227 848／🌐 capillarealgranada.com
🕐 10:15〜18:30、日曜・祝日11:00〜18:00、
　1月1日・聖金曜日・12月25日休
💶 5€／MAP 📍 P.156 A-1

Monasterio de la Cartuja
カルトゥハ修道院

美しきバロック建築の宝石

左・教会部分。目が覚めるような豪華絢爛な装飾に圧倒され、なかなか祭壇に近づけない。／下・見上げると、17世紀に宮廷画家も務めていたアントニオ・パロミノ（Antonio Palomino）のフレスコ画が。

16世紀に建設がはじまり完成までに約300年を費やしたこの修道院は、スペイン・バロック様式の建築物のなかでとくに重要な作品のひとつといわれています。その煌びやかな装飾は、豪華絢爛という表現だけではいいあらわせないほど。静かな郊外にある門をくぐり、慎ましいともいえる外観を目にした時、だれもその内部の様子を想像できないでしょう。市内中心部から2kmほど離れているのでつい後まわしにしそうですが、必ず訪れてほしい場所。グラン・ビア・デ・コロン通りから8番の市バスに乗って約13分。乗車時に運転手に「ラ・カルトゥハ」といって、降りるバス停を知らせてもらいましょう。

上・装飾の一つひとつに魅了される聖具室。34年かけてつくられた寄木細工のチェストも見事。／右・静物画で知られる、サンチェス・コタン（Juan Sánchez Cotán）の絵が飾られている修道士たちの食堂。

📍 Paseo de Cartuja s/n, Granada
📞 958 161 932
🌐 cartujadegranada.com
🕐 10:00〜14:00。無休　※左記の開館時間は2021年2月現在の一時的なもの。変更される可能性あるのでサイトにて確認を
💶 5€
MAP 📍 P.156 B-1（MAP外）

歴史感じるアルバイシン地区へ

イスラム文化が色濃く残る町グラナダのなかでも、古き時代の空気が残されているアルバイシン地区。旧市街でもっとも歴史あるエリアで、アルハンブラ宮殿からダロ川をはさんだ丘の上にあり、石畳の細い路地、白壁の家々が連なっています。

散策におすすめなのが、テテリア通りといわれるカルデレリア・ヌエバ通り (Calle Calderería Nueva)。細い坂道にアラブ風のティーハ ウス、テテリアをはじめ小さなお店がひしめき合っていて、異国情緒たっぷりです。そんなアラブの世界を通り抜け、真っ白い壁の家々が立ち並ぶ石畳の坂道や階段を上りながら路地を進んでいくと、アルハンブラ宮殿を見渡せる人気スポット、サン・ニコラス展望台が見えてきます。8世紀に築かれ、11世紀に再建されたカディマの城塞に囲まれていたこのあたりには、今でも門や城壁などが残っています。その門のひとつ、

テテリアだけではなくアラブのスイーツ、雑貨などのお店が連なるカルデレリア・ヌエバ通り。

アルハンブラ宮殿を見ようと、多くの人が集まるサン・ニコラス展望台。とくに夕暮れ時は、だんだん赤く染まっていく宮殿が幻想的。

展望台に着くまで、ところどころにあるアルハンブラ宮殿を見渡せるスポット。見逃さないように、後ろを振り返りながら歩いて。

Mirador de San Nicolás
サン・ニコラス展望台

📍 Plaza de San Nicolás, Granada
MAP 📍 P.157 A-3

アルハンブラ宮殿から望むアルバイシン地区。中央に見えるのがサン・ニコラス教会と展望台。

ベサス・アーチをくぐると、アルバイシンの中心ラルガ広場に出ます。

地元の人たちが行き交い集う喧騒のなかを通りすぎ、チャピス坂（Cuesta del Chapiz）を下っていくと、再び前方にアルハンブラ宮殿が。見とれながら歩いているうちに、ダロ川沿いの美しい散歩道、パセオ・デ・ロス・トゥリステス（Paseo de los Tristes）に到着します。グラナダ最古のイスラム建築物である11世紀のアラブ浴場跡もあるダロ通り（Carrera del Darro）に続く、趣深い道です。（MAP♥P.157 B-3）

生活感があふれるラルガ広場（写真下）。城塞内に続くベサス・アーチ（写真左）の近くにあり、かつては商人が行き来していた。

このチャピス坂を、もう少し下るとアルハンブラ宮殿が見えてくる。

ロマ族の居住地区で、洞窟フラメンコが生まれ、博物館もあるサクロモンテの丘も近い。

女性名カルメンはグラナダでは屋敷の意味も。「Carmen del ～」は「～邸」。

パセオ・デ・ロス・トゥリステスとして知られている、パドレ・マンホン通り（Paseo del Padre Manjón）。アルハンブラ宮殿を見上げることができる。

165

時を越えてよみがえる
アラブのバザール

イスラム支配時代、高価な商品を扱うスーク（市場）だったアルカイセリアには、多くのシルクのお店や商人たちが滞在する宿などがありました。現在はその周辺に、おみやげや手工芸品などを扱うお店が集まっています。一歩なかに入ると、あざやかなストールや小物が壁に掛けられた細い道が続きエキゾチックな雰囲気。アイアン製の門扉やイスラム建築のアーチ、タイルなどに囲まれたなかで目を閉じると、当時のにぎわいのなかにタイムトリップしたような気分になります。

上・通りが細いのは高級市場だった時代に、泥棒が簡単に逃げられないようするためだったとか。／左・複数あるアルカイセリアへの入口のアーチのひとつ。アーチの内外にお店が並ぶ。

Alcaicería
アルカイセリア

MAP 📍 P.156 A-1

Artesanía Babel
アルテサニア・バベル

石鹸が入ったタイル柄のケース3€は小物入れとしても使える。

タイルなどの柄をプリントしたあざやかなコースターやケースが人気。グラナダをイメージした模様もあるので、お店の人に聞いてみて。トルコのスカーフなども。

📍 Calle Oficios 4, Granada
📞 958 569 792
🕐 10:00～22:00、無休
MAP 📍 P.156 A-1

Librería Cruz de Elvira
リブレリア・クルス・デ・エルビラ

宗教に関する書籍を扱う本屋ですが、おみやげも扱っています。グラナダ（ザクロ）の形をした花瓶や、ザクロやタイル柄がデザインされたアクセサリーがかわいい。

ザクロモチーフの小物は、グラナダの街歩きを思い出させてくれるおみやげ。

📍 Calle Libreros 10, Granada／📞 660 083 666
🕐 10:00～14:30、16:30～20:00、日曜休
MAP 📍 P.156 A-1

アンダルシアの焼きもの

古くから、さまざまな陶磁器を生産してきたアンダルシア地方。
グラナダ焼きをはじめとする焼きものは、
伝統工芸品のひとつとして欠かせない存在です。
少し知るだけで、街歩きやおみやげ選びも楽しくなる
各地の焼きものをご紹介。

グラナダ県の焼きもの

素朴さが素敵なグ
ラナダ焼き。白地に
緑や藍色で描かれた、
植物や鳥、グラナダ（ザ
クロ）などの絵が特徴。元々
はアラブが起源で、16世紀からファハラウサ
(Fajalauza)という工房がつくりはじめたため、スペ
インではファハラウサと呼ばれている。

セビージャ県の焼きもの

輪郭を描き、そのなかに
筆やスポイトで釉薬を流
しこんでつくるカラフルなク
エルダ・セカ(Cuerda Seca)はセ
ビージャ焼きと呼ばれ、8世紀にアラビア人によって
もたらされた。表面に凹凸があるので掛け時計など
の装飾用に適し、おみやげにも人気。

コルドバ県の焼きもの

コルドバ市から南
へ約40kmのところ
に陶芸の村ラ・ランブ
ラがある。ここで4000年
以上も前につくられた焼きものが見つかったそうで、現在
も約70の工房があり、陶芸エキスポも開催されている。パ
ティオの植木鉢などもほとんどがこの村でつくられたもの。

パティオ祭りに参加している
中庭には、ラ・ランブラで製作
されたプレートが。

マラガ県の焼きもの

1941年にホ
セ・モリージョとい
う陶芸家が設立した工
房でつくられたマラガの植木
鉢(Maceta Malagueña)は、マラガ県を
代表する焼きもののひとつとして知られてい
る。現在、工房はクローズしてしまったが、ピ
カソの生家などで見ることができる。

ハエン県の焼きもの

コルドバ県の東に位置し、
オリーブオイルの生産地
として知られるハエン県は、
陶磁器の芸術も際立っている。
とくにアンドゥハル、ウベダ、バイレ
ンの焼きものが有名。なかでもウベダ焼きは、繊細な透
かし彫りとオリーブ色がエレガントで印象的。

☰ La Tetería del Bañuelo
ラ・テテリア・デル・バニュエロ

宮殿をながめながらアラブのお茶を

開放的なテラス席。このぜいたくな空間
はオーナーの自宅だそう。

上・テラスの2階席でミントティー
3.20€とアラブのお菓子各1.60€を。
／右・タイル使いの噴水やランプ、掲
げられた絵がエキゾチックな店内。／
下・冷たい飲みものはシェイク3.60€
などのほかに、ワイン2.50€やビール
2€もある。

ちょっと入りづら
い古びた入口。

　営業しているのかな？　と
不安になるほどレトロなドア。
その向こうには、星形や幾何
学模様のイスラムタイルで装
飾された店内が広がり、アラ
ブ風の噴水やランプ、水た
ばこもあります。グラナダ最
古のテテリアで、一歩なかに
入ると薄暗さも手伝って別世
界に迷い込んだかのような錯
覚に陥ります。さらに奥から
差し込む小さな光に導かれて
外に出てみると、アルハンブ
ラ宮殿を望めるテラス席が。
世界遺産を前に、椅子の片
隅で猫がシエスタしていたり
と、リラックスしたお店の雰
囲気がとてもグラナダ的。時
が止まったかのような空間で、
異国情緒を味わってください。

📍 Calle Bañuelo 5, Granada
📞 666 026 378
📶 facebook.com/teteriabanuelo
🕐 15:00〜23:00（金土曜24:00）、無休
MAP 📍 P.157 B-3

テテリアでアラブのお茶とスイーツを

コーヒーもいいけれど、
心からほっこりしたい時に飲みたくなるのがお茶。
アンダルシアの町では「テテリア」と呼ばれる
アラブのティーハウスを、よく見かけます。
そんなテテリアで味わってほしいアラブのお茶と
スイーツをご紹介。

お茶を選ぶなら

　　テテリアのお茶のメニューは豊富。どれにしようか迷ったら、スタンダードのモロッコのミントティー「テ・モルノ (Té Moruo)」や、チャイに似た「テ・パキスタニ (Té Pakistaní)」を。またお店によって名前は異なりますが、「テ・スエニョス・アランブラ (Té Sueños Alhambra)」、「アル・スール・デ・グラナダ (Al sur de Granada)」、「テ・メディナ・アサーラ (Té Medina Azahara)」など、そのテテリアがある町や文化遺産の名前がついたブレンドティーもおすすめです。

夏におすすめのアイス・ミントティー。シェイクもテテリアの冷たい飲みものの定番。

おすすめのアラブのお菓子

　ナッツやドライフルーツ、蜂蜜、シロップが多く使われているアラブのお菓子。かなり甘いのでお茶と一緒にいただきましょう。

Nido ニド
クナーファという麺のような生地にナッツを詰めて焼き、シロップをかけたもの。ニドは「鳥の巣」を意味する。

Baklawa バクラヴァ
フィロ生地の間にナッツをはさんで焼き上げ、シロップをかけたトルコの伝統菓子。迷ったら定番のピスタチオ入りを。

Briwat ブリワット
アーモンドやピーナツのペーストを薄いパイ生地で包んで揚げ、蜂蜜でコーティング。お肉などを包んでおかずとしても食べられる。

Pastelería Andalusí Nujaila
パステレリア・アンダルシ・ヌハイラ

　アルバイシン地区のテテリアが集まる通りにある、アラブのお菓子が買えるお店。こちんまりとした店内には小さなテーブルがあり、お茶と一緒にそこで食べることもできます。

📍 Calle Calderería
　Nueva 7, Granada
📞 958 210 020
🕐 10:30〜21:00、無休
MAP 📍 P.157 B-3

≡ Casa Ysla
カサ・イスラ

市内に10店舗あるので、見つけたら入ってみて。

伝統菓子ピオノノが生まれた

上・焼き色をつけたカスタードクリームの香ばしさが、ほんの口に広がるピオノノ1.30€。／右・シュークリーム1€など、ピオノノ以外のスイーツも充実している。

1897年にグラナダ県の村、サンタ・フェに開業。創業者はグラナダの伝統菓子、ピオノノの考案者という由緒あるカフェです。ピオノノはローマ教皇、ピオ9世（ピウス9世）に敬意を表してつくられたスイーツで、ロール状のしっとりしたスポンジケーキにクリームがのっていて、ふんわりとした上品な食感。ひと口サイズなので、チョコレート味やミカン味もぜひお試しを。

📍 Carrera de la Virgen 27, Granada
📞 958 222 405／🛜 pionono.com
🕐 7:30〜20:00、無休
MAP 📍 P.157 C-4

≡ Cafetería Alhambra
カフェテリア・アルハンブラ

さくさく感が自慢のチュロス

80年以上の歴史を持つカフェテリアの名物チュロスは、ポラス（アンダルシアの太いチュロス）よりも気泡を多く含んだ軽い食感が特徴。自家製の濃厚なチョコラテに絡めて食べると、上品な味わいが広がります。ほかのポラスより軽いとはいえ1本が大きいので、ひと皿6本ですがハーフポーション3本を頼むのがおすすめ。

上・もうひとつのアルハンブラ、といわれるほど歴史深いカフェのチュロス（3本）1.60€とチョコラテ2.40€。／右・大聖堂から徒歩2分という好立地。大きな広場に面していて、テラス席も落ち着ける。

📍 Plaza Bib-Rambla 27, Granada／📞 958 523 929／🛜 cafeteria-alhambra.com/granada
🕐 夏季8:00〜24:00、冬季8:00〜22:00、無休／MAP 📍 P.156 A-1

Parador de Granada Terraza
パラドール・デ・グラナダ・テラサ

ヘネラリフェを望むテラスカフェ

グラナダをイメージした季節のデザート6€とコーヒー2.90€。

上・正面に見えるのがヘネラリフェ。緑と小鳥のさえずりに癒される。／右・サン・フランシスコ修道院を改築した重厚な建物にあるテラス。

　歴史的建造物を改修してつくられた国営ホテル、パラドールのカフェは落ち着くのでよく利用するのですが、なかでもアルハンブラ宮殿の敷地内にあるテラスカフェを特別感がいっぱい。ヘネラリフェをながめながら、リラックスできる雰囲気のなかで軽食やお茶を楽しめます。アルハンブラ宮殿見学中にひと息つく場所としてもおすすめです。

📍 Real de la Alhambra s/n, Granada
📞 958 221 440
🌐 parador.es/es/paradores/parador-de-granada
🕐 11:30〜23:00、無休
MAP 📍 P.157 A-4

Mercado de San Agustín
サン・アグスティン市場

地元の味をいろいろ食べたい時に

お店の前に椅子がおいてあり、気軽に座れる。まずは一周して好みのお店を見つけよう。

　ほかの都市の多くのメルカドと同じく、フードコートを併設しているサン・アグスティン市場。特産品を扱うお店やバルが約60店舗入っていて、オリーブオイルやワインなどが買えるほか、ショーウィンドーに並ぶタパスを指差しで注文して食べることができます。市場内で買った魚をその場で調理してくれるバルもあります。

プチトマトのチーズ詰めなど、ビールにもよく合うひと口サイズのおつまみ2.80€(100g)。

📍 Plaza de San Agustín s/n, Granada
🕐 9:00〜15:00、日曜休／MAP 📍 P.156 A-1

Bar Ávila
バル・アビラ

大人気のハモン・アサドと選べるタパス

グラナダ産のワインはグラスで2.80〜3.50€。せっかくなので地元産のワインを頼んでみては？

上・パンの上にのって出てくる名物ハモン・アサドのタパ。ハムのみの大皿11€、半皿7.50€もある。／下・ドリンク注文時に好きなタパスをメニューのなかから選べる。追加注文はひとつ1.70€。

1967年創業の家族経営のバル。扉を開けると、とびっきりの笑顔で迎え入れてくれ、自分の家のようにくつろげるあたたかい雰囲気のお店です。現在のオーナーは3代目で、兄弟で100mの距離にある2店舗を展開しています。「アビラといえばハモン・アサド（Jamón Asado／ローストハム）」というほど大人気で、外は香ばしくなかはジューシー。スパイスがきいた味わいとそのやわらかい食感は、一度食べるとやみつきに。「上質で新鮮なハモンとオリーブオイル、グラナダならではのスパイスを使った祖父の代からの自家製レシピがおいしさの秘密」と弟のフェルナンドさん。ドリンクについてくるタパスもどれもおいしく、リストのなかから選ぶことができるのもうれしいポイントです。

Bar Ávila I 1号店

📍 Calle Verónica de la Virgen 16, Granada
📞 958 264 080／🌐 facebook.com/avilabaryrestaurante
🕐 12:00〜17:00、20:00〜24:00、日曜休
🍴 英語メニュー ○
MAP 📍 P.157 C-4

Bar Ávila II 2号店

📍 Calle San Isidro 11-13, Granada
📞 858 105 382
🕐 12:00〜17:00、20:00〜24:00、日曜休
🍴 英語メニュー ○
MAP 📍 P.157 C-4

自慢のハモン・アサド、食べに来てね！

☰ Palacio Andaluz Almona
パラシオ・アンダルス・アルモナ

本物のモロッコ料理をグラナダで

上・モロッコの春巻きといわれるブリワット(Briwat)盛り合わせ9.50€。ほんのリスパイシーで美味。／右・ラム肉がやわらかいプルーンとアーモンドのタジン14.50€。お好みで牛肉、鶏肉も選べる。

5種類あるお菓子は、いろいろ食べられるセット6€がおすすめ。

アラブのランプと窓から入る光で、店内はほどよい明るさ。椅子のクッションも心地いい。

📍 Calle San Jerónimo 5, Granada
📞 958 949 353
📶 facebook.com/Palacio-Andaluz-
　Almona-107161644378934
🕐 13:30〜16:30、18:00〜23:00、無休
🍴 英語メニュー ○
MAP 📍 P.156 A-1

　モロッコ出身のオーナーが、本場の味とクオリティをグラナダの人たちに届けたいという思いから開いたレストランで、オープン3年であっという間に人気店に。このお店で食べたお客さんがモロッコを訪れた時に「同じ味だ」と感じてもらえるようにと、モロッコから仕入れた小麦粉やスパイス、新鮮なハーブを使い、ていねいにつくった料理を提供しています。何かとあまり見た目に気を使わないお店が多いなか、盛りつけや食器、店内装飾にもこだわっていて、おもてなしの心も感じられます。クスクス、タジン、そしてお肉やナッツをパイ生地で包んだ料理のパステラ(Pastella)が人気の3品。どれもおいしくてつい食べ過ぎてしまいますが、食後のミントティーとスイーツが入るスペースをお腹に残しておくのを忘れずに。

　芸術の宝庫アンダルシアにはフラメンコのほかにも、気軽に音楽を感じられる場所が身近にたくさんあります。とくに夜10時近くまで明るい夏の夜は、海外からも観客が駆けつける大きなイベントから、地元の人たちが楽しむ無料コンサートまで、各地で音楽イベントが目白押しです。

豪華アーティストが集まるフェスティバル、スターライト（Starlite Marbella）。毎年7〜8月にマルベージャで開催。

　国際的なイベントとして知られているのが、6〜7月に開催されるグラナダ国際音楽舞踊祭（Festival Internacional de Música y Danza de Granada）。多岐にわたるジャンルのプログラムで構成され、アルハンブラ宮殿を中心とした市内の歴史的建造物が会場となっているのも魅力。毎年3万人以上が訪れるそうです。また7月には、にボブ・ディランやKISSも出演したことがあるコルドバ・ギター・フェスティバル（Festival de la Guitarra de Córdoba）も開催されます。フラメンコ、ロック、クラシック、ジャズなどのコンサートと、演奏はもちろん、ギター製作や作曲なども学べるワークショップも充実しています。

　ほかにも各町でジャズフェスティバルやサマーフェスティバルがあり、無料のイベントも多いので、観光案内所などでチェックするのを忘れずに。昼間の太陽が嘘のような心地よい屋外で、夜風に吹かれながら音楽を楽しんでください。

アンダルシア出身の 人気ミュージシャン

　スペインの音楽シーンでは、多くのアンダルシア出身のミュージシャンが活躍しています。幼少期をカディスで過ごしたアレハンドロ・サンス（Alejandro Sanz）をはじめ、マヌエル・カラスコ（Manuel Carrasco）、パブロ・ロペス（Pablo López）、女性ではヴァネッサ・マルティン（Vanesa Martín）、インディア・マルティネス（India Martínez）などがおすすめ。ポップスのなかに漂うアンダルシアのテイストが魅力の曲のなかから、お気に入りの音楽を見つけてください。

上・ヘネラリフェもグラナダ国際音楽舞踊祭の会場のひとつ。／右・町のバルや通りの壁には、コンサートやイベントのポスターが貼られているので要チェック。

CDはデパートのエル・コルテ・イングレス、本やCDのお店フナック（Fnac）などで購入できる。おみやげにいかが？

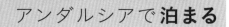

アンダルシアで**泊まる**

アンダルシアの宿で快適に過ごす

上・古い建物を改装したホテルや、デザイン性が高いホテルが人気。Hotel Las Casas de la Judería de Córdoba（P.180）／右上・パティオがある、典型的なアンダルシア建築のホテルもおすすめ。El Patio de la Costurera（P.183）／右下・大自然の絶景や歴史的名所を望めるホテルもあるので要チェック！Hotel Balcón de Europa（P.178）

アンダルシアの宿泊施設は選択肢も多く、きれいで便利なホテルにリーズナブルに泊まることができます。注意しなければならないのは、料金がお祭りや季節によって大きく変動すること。スペイン全土の祝日であるセマナ・サンタなどをはじめ、フェリアなどの町ごとに開催時期が異なるお祭りの期間、連休などは料金が上がります。そして、同じアンダルシア内でも夏は、マラガなどの海岸沿いの町はピークシーズンに、コルドバなどの猛暑が続く内陸部はローシーズンになります。

建物は、日本の2階がスペインでは1階、日本の3階が2階になり、1階はプランタ・バハ（Planta Baja）。設備は各宿泊施設によって異なりますが、スリッパ、電気ケトル、歯磨きセットはおいていないところが多いでしょう。また、環境問題のため希望した場合のみ、タオルを交換してくれるところがほとんどです。通常、「交換が必要なものはバスルームの床においてください」というメッセージカードがおかれていますが、そのカードがないホテルでも、ハンガーなどに掛けたままにしておくと交換してくれないことがあるのでご注意を。

町の中心部にあり、部屋もきれいなのに周辺の施設とくらべてかなり安い……などという場合は、必ず口コミや通りの様子もチェックしましょう。

アンダルシアの主な宿泊施設

パラドール Parador
歴史的建築物を改修した国営ホテル。絶好の立地に建ち素晴らしい景観を持つ建物が多い。

オテル Hotel
1ツ星から5ツ星まであるスタンダードなホテル。

オテル・ブティック Hotel Boutique
通常のホテルよりも規模が小さく、独自のコンセプトを持つデザイン性が高いホテルが多い。

オスタル Hostal
部屋によって、シャワーとトイレが共同の場合もある。レストランなどの共有スペースはない。

オテル・アパルタメント・トゥリスティコ Hotel Apartamento Turistico
キッチンつきのアパートメントホテル。鍵の受け渡し場所が離れていたり、荷物の預かりサービスがなかったり、デポジットが必要なところも。

ヌエボ橋のすぐ脇にあるパラドールならではのながめ。スーペリアルームの広いテラスから。

Ronda  **Parador de Ronda**
パラドール・デ・ロンダ

ロンダの絶景をひとり占め

　多くの人が一度は泊まってみたいとあこがれるパラド
ール。なかでも人気の高いロンダのパラドールは、約
98mの高さのヌエボ橋の真横という特別なロケーショ
ンにあります。広い部屋はクリーム色を基調としたシン
プルモダンなインテリアで、とても落ち着く空間です。
ヌエボ橋、ロンダ渓谷、中庭を望める部屋がそれぞれ
あり、広いバルコニーから素晴らしい景色を堪能できま
す。予約時に眺望をリクエストすると、できる限りこた
えてくれるそうなので伝えてみてください。スタッフも
何かと親切で、宿泊客のことを第一に考えてくれてい
ることがわかる素敵なパラドールです。

上・プールがある中庭側の風景。開放感があ
り欧米人にはこちらの景色が人気なのだそう。
／下・広々としたスーペリアルーム。窓も大き
いので景色を見ながら部屋で過ごすのもいい。
ちなみにスリッパはないので必要なら持参を。

📍 Plaza de España s/n, Ronda
📞 952 877 500
🌐 parador.es/es/paradores/parador-de-ronda
🕐 1室95€〜（朝食別）／🛏 全78室
MAP 📍 P.57

宿泊客以外も利
用できる1階のカ
フェからもヌエボ
橋の景色を楽し
める。

Nerja 🛏 **Hotel Balcón de Europa**
オテル・バルコン・デ・エウロパ

コスタ・デル・ソルの魅力を存分に

左・海側の部屋のバルコニーからは、「ヨーロッパのバルコニー」と地中海を望める。／下・ホテルの魅力を存分に楽しめる、オーシャンフロントのジュニアスイートルーム。

ネルハの「ヨーロッパのバルコニー」の展望台に向かって右手にあるホテル。ビーチに面する最高の立地で、展望台を訪れるほとんどの人が、こんな素敵なところに泊まれたら……と思うはず。部屋は、バルコニーつきの海が見えるツインやダブルルーム、ジュニアスイートなどのほか、シングルルームもあるのでひとり旅にも◎。コスタ・デル・ソルの太陽の光をたっぷり浴び、地中海の波の音を聞きながら時間を気にせずまったり――。そんなぜいたくなバケーションを過ごしてみては？ホテルのサイトから直接予約するとウェルカムドリンクとして、カバ（スパークリングワイン）で迎えてくれます。

📍 Paseo Balcón de Europa 1, Nerja
📞 952 520 800／🛜 hotelbalconeuropa.com
🕐 1室110€〜(朝食別)／🛏 全108室
MAP 📍 P.65

上・スタンダードダブルルーム。ほかに3人部屋やファミリールームも。／右・レストランの目の前に広がるエル・サロン・ビーチ。波の音を聞きながら食事を楽しめる。

Sevilla 🛏 **H10 Casa de la Plata**
アチェ・ディエス・カサ・デ・ラ・プラタ

セビージャの伝統とモダンが融合

メトロポール・パラソルから徒歩約3分、旧市街のお店が集まる通りに2019年にオープンしたホテル。スペインの人気インテリアデザイナー、ラサロ・ロサ・ビオラン氏がデザインを手がけ、エントランスを入ると、豪邸のリビングルームのような広くてぬくもりあるウッド調のロビーが迎えてくれます。モダンななかに、タイルなど伝統的なセビージャのテイストを取り入れたデザインが特徴的。黒と黄色に緑をアクセントとして加えた色使いが印象的な部屋には、バスローブとスリッパが備えられています。レストランもパティオもすべておしゃれ。バスタブつきの部屋もあるので予約時にリクエストを。

上から／パティオがあるレストランは宿泊客専用で、コーヒーやワインなども時間を問わず楽しめる。／あたたかみあるインテリアのロビー。ここでゆったり、明日の旅の計画を立てるのもいい。

上・壁の緑と黄色のタイルの装飾が、伝統的なセビージャを感じさせるモダンな部屋。／左・ブラック×ホワイトの個性的なデザインのバスルーム。

📍 Calle Lagar 2-4, Sevilla ／ 📞 954 548 712
🛜 h10hotels.com/es/hoteles-sevilla/h10-casa-de-la-plata
💶 1室100€〜（朝食別）／🛏 全73室
MAP 📍 P.80 B-2

Hotel Las Casas de la Judería de Córdoba
オテル・ラス・カサス・デ・ラ・フデリア・デ・コルドバ

歴史ある空間で上質な時間を

左・専用の広いテラスが
あり、メスキータの塔を
望めるペントハウス・カ
テドラルルーム。／下・
10タイプの部屋がある
ので、サイトでチェックし
てみて。

　コルドバのユダヤ人街、メスキータから約200mのところ
に、扉の隙間から素敵なパティオがのぞくブティックホテル
があります。風格ある建物は1000年の歴史を持ち、何世紀
にもわたって高貴な人たちが所有してきた由緒ある5つの邸
宅でした。改築中に敷地内から遺跡が見つかり、ローマ時代
に高位高官の住居があり、政治の拠点だったこともわかって
います。さらに、レコンキスタ後にはアルカサルに直接つな
がる空間だったといわれています。そんな、歴史的な建物を
改築したホテルには、ムデハル様式とルネサンス様式の中庭
や遺跡があり、伝統ある装飾品や家具がおかれている客室は
優雅。安らぎと静けさを提供してくれる美しい宿です。

📍 Calle Tomás Conde 10, Córdoba
📞 957 202 095
🌐 lascasasdelajuderiadecordoba.com
💶 1室 90€〜（朝食別）／🛏 全67室
MAP 📍 P.119 B-4

左・6つあるうちのいち
ばん広いパティオ。テラ
ス席もあり天気がいい
日は朝食もこちらで。／
右・敷地内に門もあり、
ほとんどの部屋の入口
がパティオに面している。

Málaga

Hotel Soho Boutique Málaga
オテル・ソーホー・ブティック・マラガ

好立地でリーズナブル

　マラガのソーホー地区、コルドバ通りに面していて、どこへ行くにも便利な立地。部屋は特別広くはありませんが清潔で快適です。小さめのオープンクローゼットなので服が多い人には不向きかもしれませんが、普通の観光旅行には問題ないはず。料金もリーズナブルで空港行きのバス停も近く、大通りに面しているので夜も安心。ひとり旅にもおすすめです。

上・コンパクトな空間に必要なものがそろう部屋の壁には、モノクロのマラガの街並みの写真が。／左・1階のロビー。ホテルの朝食は同じビルにあるカフェ、ラ・ベジャ・フリエタ（P.17）でとる。

📍 Calle Córdoba 5, Málaga ／ 📞 952 224 079
📶 sohohoteles.com/hotel-soho-boutique-malaga-en-malaga
🌐 1室70€〜（朝食別）／ 🛏 全28室
MAP 📍 P.18 C-2

Marbella

Hostal Enriqueta
オスタル・エンリケタ

マルベージャで気軽に泊まる

上・共有スペースのパティオ。建物の内側の部屋でも、この中庭に面しているので明るい。／右・無駄な装飾がなく必要なものはそろっている。すっきりしていて快適。

　マルベージャの旧市街でリーズナブルに泊まりたい！という人におすすめ。部屋はモダンに改装されていて、全部屋バス、トイレつきで明るく清潔です。デザインは部屋ごとに異なり、サイトで写真をチェックして予約時にリクエストも可能。ただしエレベーターはないので、荷物を持って階段を上るのがたいへんな場合は1階の部屋をリクエストしましょう。

📍 Calle Caballeros 18, Marbella
📞 952 827 552 ／ 📶 hostalenriqueta.com
🌐 1室45€〜（食事なし）／ 🛏 全19室
MAP 📍 P.50

Ronda **Hotel Soho Boutique Palacio San Gabriel**

オテル・ソーホー・ブティック・パラシオ・サン・ガブリエル

旧市街にある元貴族の邸宅

1736年に建てられた価値ある建物として地元ロンダで有名な、元貴族の豪邸。1999年にホテルに改装されましたが、部屋をはじめ、共用部分もできる限り邸宅時代の装飾が残されています。多くの本に囲まれた元書斎のフロントや、地下1階のワインセラーなど、素敵な空間があちこちにあり、タイムトリップ気分を味わえます。

上・黄色とオレンジの色使いがかわいいパティオは、建物の奥にありプライベート感がある。／左・ロビーには、実際に住まいとして使われていたことが想像できる装飾品が残る。

クラシックな内装の部屋。木製のドアや家具も歴史を感じる。

📍 Calle Marqués de Moctezuma 19, Ronda／📞 952 190 392
📶 sohohoteles.com/hotel-soho-boutique-palacio-san-gabriel-en-ronda
💶 1室60€〜（朝食別）／🛏 全23室／MAP 📍 P.57

Sevilla **Hotel Las Casas de El Arenal**

オテル・ラス・カサス・デ・エル・アレナル

大聖堂近くの静かな通り沿い

18世紀の価値ある家を改築してつくられたブティックホテルは、セビージャ大聖堂から徒歩約6分のところにあります。闘牛場にも近く、まわりにお店が集まっていてとても便利。それでいて落ち着いた通りにあるアンダルシア建築の建物で、いつもリラックスできるいい香りが漂っています。アメニティグッズが自然派コスメブランド、リチュアルズなのもうれしい。

屋上のテラスにはデッキチェアもあり、本を読んだり、ドリンクを飲んだり自由にくつろげる。

上・かつてはふたつの邸宅だったので、ふたつのパティオを囲んで部屋がある。／右・部屋にはバスローブとスリッパが備わっていて、リラックスして過ごせる。

📍 Calle Castelar 14-16, Sevilla
📞 955 280 014／📶 casasdeelarenal.com
💶 1室 120€〜（朝食別）／🛏 全27室
MAP 📍 P.80 B-2

Córdoba El Patio de la Costurera
エル・パティオ・デ・ラ・コストゥレラ

門を入ると広がる景色。パティオを通って各部屋に入る。

花に囲まれて暮らすように

パティオがある家で花に囲まれて暮らす体験をしてみたい、そんな願いを叶えてくれるアパートメントホテル。コルドバのサン・バシリオ地区にあり、ペパーミントグリーンの扉や窓がかわいい、パティオ祭りでも人気の1軒です。1963年に建てられた典型的な集合住宅で、エレベーターはありません。扉や窓は当時のまま、部屋はアパート用に改装されています。

タイプが異なる各部屋にはミニキッチンがついている。こちらは緑色をベースにしたダブルルーム。

📍 Calle San Basilio 40, Córdoba
📞 646 812 047
🌐 elpatiodelacosturera.com
💶 1室 42€〜(朝食なし)／🛏 全4室／MAP 📍 P.118 C-2

Granada Room Mate Leo Hotel
ルーム・メイト・レオ・オテル

カフェバーのテラスからは、小さくアルハンブラ宮殿も見える。

プチゴージャスなインテリア

グラナダ大聖堂から徒歩約5分という旧市街の中心に位置する、コンパクトでスタイリッシュなブティックホテル。白と黒を基調としてアクセントにゴールドカラーを加えた内装は、品のよさが漂っています。ホテルの前はお店が並ぶ歩行者天国なのでタクシーは入れませんが、大通りのレジェス・カトリコス通りまでわずか100mほど。フロントはビルの2階にあります。

上・モダンな内装の部屋には、コーヒー、紅茶もあるケトルつきのミニバーが備えつけられている。／左・エレベーターで2階に上がると、ゴージャスな雰囲気のフロントが。

📍 Calle Mesones 15, Granada／📞 958 535 579
🌐 room-matehotels.com/es/leo
💶 1室52€〜(朝食別)／🛏 全33室／MAP 📍 P.157 C-3

アンダルシア旅のヒント

お金

▶現金

通貨はエウロ（ユーロ／€）、硬貨はセンティモ（セント）。2021年2月現在のレートは1ユーロ＝約125円です。街中で主に使う紙幣は5€、10€、20€で、50€札での支払いは断られることもあるので小額紙幣を持っておくことをおすすめします。お釣りに破れた紙幣を渡される時がありますが使えないこともあるので、必ずその場で交換してもらいましょう。

▶クレジットカード

VISAとMasterカードが主流。ホテルやレストランなどはもちろん、5€以上であればスーパーでも使えます。バルやレストランは基本的にテーブルでの会計になりますが、レジの機械があるところまで行って払うお店も。またお店によって円、ユーロのどちらでの決済を希望するか聞かれることがあります。カード利用時には4桁の暗証番号（PINコード）を入力しなければならないので、必ず覚えておきましょう。

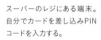

スーパーのレジにある端末。自分でカードを差し込みPINコードを入力する。

▶両替＆再両替

円からユーロへ両替できる銀行は少なく、街中で探すのはたいへんなので、日本で両替しておくことをおすすめします。乗り継ぎ空港や到着地の空港にも両替所がありますが、時間帯によっては閉まっている場合もあります。ユーロから円への再両替は、レートをチェックして出国前か日本到着後に。

▶ATM利用

ATMは銀行や駅、ショッピングセンターなどにあります。銀行には道路に面した外と建物内にありますが、建物内にあるほうを利用するのがおすすめ。個室になっていて鍵があるところは、鍵をかけるのを忘れずに。機械の調子が悪くなることもたまにあるので、なるべく銀行営業中に利用するほうが安心です。

ATMは英語も選べる。機械から離れる前に財布をバッグにしまって。

▶チップ

チップの習慣はなく、カフェやバルでチップをおく人はあまりいませんが、いいサービスを受けた時の気持ちとして、レストランでは5〜10％を、バルなどではお釣りの小銭などを渡すのがいいでしょう。その場合、テーブルの上において黙って席を立つのではなく、必ずスタッフにチップをおいてあることを伝えてください。

タクシーも、特別なサービスを受けた場合は1€程度を、それ以外は必要ありません。ホテルも同様です。まれにお店や施設のトイレで、清掃担当の人がいてチップ用のトレイがおいてあるところがあります。義務ではありませんが、気持ちよく使わせてもらったお礼として0.50€程度おくといいでしょう。

時差

日本との時差は通常マイナス8時間、サマータイム（3月最終日曜午前2時〜10月最終日曜午前3時まで）の間はマイナス7時間。

水

水道の水は硬水で飲めますが、ミネラルウォーターがおすすめ。スーパーやキオスクなどで売られています。ガス入りはコン・ガス（con gas）、ガスなしはシン・ガス（sin gas）。価格は500mlのペットボトルで0.50€ほど。

電圧とプラグ

スペインの電圧は220Vで、プラグはCタイプ。220Vに対応しているものでも変換プラグが必要です。ドライヤーなどは海外使用可能なものが便利ですが、220Vに対応していない電化製品を使う場合は変圧器の持参を。

トイレ事情

駅ビルやショッピングセンター、無料のミュージアムなどのトイレが利用しやすいですが、近くにない場合はカフェやバルで借りましょう。トイレットペーパーを補充していないところが多いので、ティッシュを忘れずに。

ユニセックストイレも。混んでいる時は男性用を利用する女性も多い。

通信手段

▶インターネット環境

インターネット環境は整っていて、ホテルをはじめ、町のほとんどのレストランやバルも無料でWi-fi（ウィフィ）を提供しています。

▶電話の掛け方

スペインの国番号は34。市外局番はありますが、同じ市内からかける時も9桁すべての番号をダイヤルします。

治安

スペインのなかでも治安がいいといえるアンダルシア地方ですが、気をつけるに越したことはありません。リュックを背中に背負わない、レストランなどの椅子の背もたれにバッグを掛けない（というかバッグを一時も身体から離さない）などは基本的なこと。

観光スポット周辺を普通に散策するのは女性ひとりでも問題ありませんが、気ままな街歩きで気をつけたほうがいいのは、地元の人があまり出歩かないランチ後のシエスタ（P.187）の時間。町がひっそりするので、ひとりで誰もいない路地を歩くのは避けましょう。またなかには通りを1本入っただけでさみしい雰囲気になるところもあるので、雰囲気が変わったなと思ったら通らないこと。また、ホテルが中心部から離れている場合、夜間はタクシーを使ったほうが安心です。

Embajada del Japón en España
在スペイン日本国大使館

📍 Calle Serrano 109, Madrid
📞 915 907 600／🛜 es.emb-japan.go.jp

春の終わりから初夏にかけて、ハカランダ（ジャカランダ）の花で町が紫に染まる。

気候と服装

▶3〜5月

日本の気候と似ていて、春先は天気が崩れる日も。4月中旬からは、「5月40日（6月10日頃）まで上着を脱がないで」というスペインにあることわざ通り、薄い上着が必要な日もありますが、日中は半袖で大丈夫。5月はさわやかで過ごしやすい月ですが、内陸部の町では夏並みに気温が上がる日も。日差しが強いのでサングラスと日焼け止めを忘れずに。

▶6〜8月

7、8月は、海岸沿いの町にアフリカ大陸からの熱風が吹く日があったり、内陸部では日中40℃を超える日が続くことも。暑いうえに、海岸沿いは湿気も多く汗もかくので、コットンや麻などの身体を締めつけない衣類、足元はサンダルがおすすめです。帽子、サングラス、日焼け止めも必須です。建物は冷房がきいているので、薄手のカーディガンなどをバッグに入れておきましょう。

▶9〜11月

日本の秋より暖かく、5月と並んでもっとも過ごしやすい時期。9月はまだ暑く、10月に入っても半袖のTシャツに上着があればいいくらい。10月半ばぐらいからはとくに内陸部では朝夕冷え込んでくるので、簡単に脱ぎ着ができる重ね着が◎。ライトダウンジャケットやストールなどがあると便利です。

▶12〜2月

日本の冬に似ていますが本当に寒い時期は短く、海岸沿いでは、晴れた日は12月でも半袖で過ごしている人も。本格的に寒くなるのは1月に入ってからですが、2月半ばを過ぎると春の兆しが見えてきます。ただし建物は暑さに対応できるようにつくられているので部屋のなかは寒く、バルなどではコートを脱げない時も。真冬は海岸沿いでは薄いダウンコート、内陸部ではしっかりしたダウンコート、マフラーや手袋もあるといいでしょう。

祝祭日 *がついているのは移動祝祭日で2021年の日付

1月1日　元日
1月2日　グラナダ奪回の日（グラナダ市）
1月6日　公現祭
2月28日　アンダルシアの日（アンダルシア州）
4月1日　聖木曜日（アンダルシア州）*
4月2日　聖金曜日*
4月21日　フェリア祝日（セビージャ市）*
5月1日　メーデー
6月3日　聖体祭（セビージャ市／グラナダ市）*
8月15日　聖母被昇天の日
　　　　　（8月16日振替休日）（アンダルシア州）
8月19日　マラガ奪回の日（マラガ市）

9月8日　聖母フエンサンタの日（コルドバ市）
　　　　　聖母ビクトリアの日（マラガ市）
10月12日　イスパニアデー
10月24日　聖ラファエルの日
　　　　　（10月25日振替休日）（コルドバ市）
11月1日　諸聖人の日
12月6日　憲法記念日
12月8日　無原罪の御宿りの日
12月25日　クリスマス

※祝祭日は年により変動する場合あり

スペイン＆アンダルシア時間

アンダルシア旅行で戸惑うことのひとつは「時間」。
ゆったりとした流れ方もそうですが、
営業時間や習慣も日本とは異なります。
慌てないように、現地のリズムで楽しみましょう。

日中の暑さがやわらいできた夜9時半頃の海岸で、涼を取る人たち。

「スペイン時間」にご注意を

　スペインには日本やほかの多くの国と異なるスペイン時間が存在します。まず、午前といえば午後2時頃まで。約束などで「明日の朝、暇？」と聞かれて会うことになり、「じゃあ、1時に！」なんていわれることもしばしば。本当に暇な場合はいいのですが、旅行中の時間に余裕がない時は注意が必要。「午前中に返事します」といわれたら、午後2時頃までにという意味です。「午後からお店が開く」という場合も、私たちは正午以降と想像しますが、そうではなく、たいていはランチ後の午後5時ぐらいのことなので、はっきり時間を確認することをおすすめします。

シエスタの習慣が残る

　アンダルシアでは、とくに夏の間、しっかりシエスタ（昼寝）を取る習慣が残っています。といってもただ昼寝をするというのではなく、ランチの後の午後4時から夜8時までは暑くて出歩けないので家から出ません。いちばん暑い時間帯を建物のなかで過ごし、涼しくなりはじめる8時半ぐらいから散策タイム。真夏は夜10時近くまで明るいので、日本の夕方の感覚です。個人のお店なども午後2時頃一旦閉めて、シエスタ後の夕方5時半頃に再びオープンするところがほとんど。
　旅行の際も、それを頭に入れて計画を立てるのが◎。昼間は美術館などの見学やデパート、ショッピングセンターでの買いものにあてるか、一旦ホテルに戻って休憩しましょう。

食事の開始時間は遅め

　食事時間もほかの多くの国と異なるスペイン。朝食は朝起きてすぐと、午前11時頃。ランチは午後2時半ぐらいから。そしてディナーは夜9時ぐらいからというのが一般的です。バルやレストランはそれより少し早くオープンし、ランチタイムは午後1時ぐらいから、ディナータイムは夜8時ぐらいからというところがほとんど。オープン時間にはスペイン人客はほぼいないため人気店でもゆっくり食べることができるので、早い時間に行くのがおすすめ。ただしお店によって、オープンはしているものの、まだ準備中で待たされることもあるので、できれば予約したほうがいいでしょう。

夏時間と冬時間で異なる

　役所をはじめ、夏と冬で営業時間が変わる施設やお店がたくさんあります。とくに酷暑のアンダルシアでは、夏は午前中のみの短縮営業をするところも。旅行計画を立てる前にしっかり確認しましょう。そのかわりに、夜10時頃からはじまるサマーイベントやコンサートなどもたくさんあります。ただし、7～8月に2週間ほど夏休みを取る個人のお店も多く、内陸部の町では人々がバケーションに出かけていることもあり、街中が少しさみしく感じることも。反対に、海岸沿いの町は観光客が集まりほかの時期よりにぎわいます。

「8月16日から9月1日までバケーションのためクローズします」と書かれたバルの貼り紙。

簡単なスペイン語を使ってみよう！

覚えておきたいスペイン語

🔊 オラ
¡Hola! ▶やあ！

英語のHello、Hiにあたる。一日中使えるいちばんスタンダードなあいさつ。お店に入る時も「オラ！」と声をかけよう

🔊 ブエノス ディアス
Buenos dias. ▶おはよう。

🔊 ブエナス タルデス
Buenas tardes. ▶こんにちは。

🔊 ブエナス ノチェス
Buenas noches. ▶こんばんは。

🔊 シ ／ ノ
Sí. / No. ▶はい。／いいえ。

🔊 グラシアス
Gracias. ▶ありがとう。

ていねいに「どうもありがとう」といいたい時は「**Muchas gracias.**（ムチャス グラシアス）」

🔊 ディスクルペ
Disculpe. ▶すみません。

ショップやバルで、スタッフがなかなか気づいてくれない時などに、大きな声で呼びかけて

🔊 ペルドン
Perdón. ▶ごめんなさい。

道で無意識に誰かにぶつかった時などに使えるひと言。ちなみに、お店などで相手の不手際で問題が発生した時などは、謝るとこちらに非があると認めていると思われるので謝らないほうが◎

🔊 アディオス
Adiós. ▶さようなら。

しばらく会えない、永遠の別れのような印象を受ける人もいて、ほかのあいさつの言葉とくらべて使う頻度は少ない

🔊 アスタ ルエゴ
Hasta luego. ▶また後ほど。

「アディオス」のかわりによく使うあいさつ。すぐに会う予定はなくても「またね！」というニュアンスで、お店を出る時にも使える便利なフレーズ

🔊 エスタ ブエノ
¡Está bueno! ▶おいしい！

たくさんある「おいしい」の表現のなかで、いちばんよく使われる表現。ほかにも**Rico**（リコ）、**Sabroso**（サブロソ）、**Delicioso**（デリシオソ）なども

※ 対象の食べものや飲みものが女性名詞の場合は Buena（ブエナ）、Rica（リカ）など語尾がaになるが、上記の通りにいっても通じる

◎ 数字

0	1	2	3	4
セロ	ウノ／ウナ*	ドス	トレス	クアトロ
cero	uno/una*	dos	tres	cuatro
	*女性名詞につく場合			

コルドバの方言辞典。ほかの都市にも同様の本があるので、興味がある人は探してみて。

🔊 キエロ〜

Quiero 〜. ▶〜がほしいです。

例）水がほしいです。
Quiero agua.（キエロ アグア）

🔊 ドンデ エスタ〜？

¿Dónde está 〜?
▶〜はどこですか？

例）お手洗いはどこですか？
¿Dónde está el servicio?
（ドンデ エスタ エル セルヴィシオ？）

🔊 ティエネ〜？

¿Tiene 〜?
▶〜はありますか？

例）Wi-fiはありますか？
¿Tiene Wi-fi?（ティエネ ウィフィ？）

🔊 クアント クエスタ？

¿Cuánto cuesta?
▶いくらですか？

🔊 〜ポル ファボール

〜, por favor.
▶〜をお願いします。

例）お勘定をお願いします。
La cuenta, por favor.
（ラ クエンタ ポル ファボール）

Andaluz
アンダルシア方言

　アンダルシア地方で話される方言はスペイン語で「Andaluz（アンダルス）」といいますが、最後の「ス」をはっきり発音しないため「アンダルー」と聞こえ、「Andalú」と書かれ親しまれています。同じように「ありがとう」という意味の「グラシアス」も、「グラシア」に聞こえます。アンダルシア州内でも各県により、使う表現やアクセントが微妙に変わりますが、アンダルシアのアクセントだということはすぐわかり、私もバルセロナやサラマンカにいた頃、何度も「アンダルシアに住んでいたの？」といわれたことがあります。

5	6	7	8	9	10
シンコ	セイス	シエテ	オチョ	ヌエベ	ディエス
cinco	seis	siete	ocho	nueve	diez

おわりに

　私がスペインに暮らすようになったのは、スペイン語がきっかけでした。
同じスペイン語圏のラテンアメリカに約4年暮らし、スペイン語をしっ
かり学び直したいと以前に少しだけ住んだことがあったスペインに戻って
きました。秋の終わりだったので、冬でもおだやかな気候の地、と選んだ
町がマラガでした。それがアンダルシアとの本格的な出会いです。

　途中ほかの町にいた時期もありましたが、気がつけば、まぶしい太陽と
きらきら光る青い海、素朴な鉢に植えられた花が飾られた白い壁、アンダ
ルシアアクセントで話す陽気な人たちに思いを馳せている自分がいて、知ら
ないうちに、アンダルシアは私にとって大切な第二のふるさとになってい
たのでした。
　ここに暮らしはじめてから、以前にも増してカメラを片手に町を歩くの
が楽しくなり、いつの頃からかこの町や村の魅力をひとりでも多くの人た
ちに知ってもらえたら、と思うようになりました。

　今回、本の出版というお話をいただき、あらためてアンダルシアの町や
村をめぐりました。いつもの風景はもちろん、それまでの旅では気がつか
なかった路地、知らなかったものや人たちもやさしく迎えてくれました。
そして、ますますこの土地が好きになりました。ひと言でアンダルシアと
いっても、とても広く、紹介しきれなかった町や村、お店もありますが、
実際に歩き、心があたたまったスポットをできるだけたくさん紹介したつ
もりです。
　本を手に取ってくださったみなさんに、その魅力が伝わり、実際に歩い
てみたいなと思っていただければ幸いです。

　最後に、こんな素敵な機会を与えてくださったイカロス出版の鈴木利
枝子さんをはじめ、出版に携わってくださったすべてのみなさんに心より
お礼を申し上げます。

中村恵美子

中村恵美子
Emiko Nakamura

日本でテレビやラジオ番組のMC、
スポーツキャスター、ライターとし
て活動後、LAでの大リーグ取材を
きっかけにラテンアメリカに移住。
スペイン、ドミニカ共和国、グアテマラ、キューバでの生活
を経て、2007年秋より再びスペインへ。マドリード、バル
セロナ、サラマンカ、マラガに暮らし、現在はコルドバ在住。

ブログ「Andalucía アンダルシア街歩き」 **emispain.com**
Twitter **twitter.com/emi_spain**
Instagram **instagram.com/emi_miel_es**
Facebookページ **facebook.com/SpainAndalucia**

愛しのアンダルシアを旅して
南スペインへ

2021年3月5日　初版発行

著者　　中村恵美子　©Emiko Nakamura
発行者　塩谷茂代
発行所　イカロス出版株式会社
　　　　〒162-8616 東京都新宿区市谷本村町2-3
電話　　03-3267-2766（販売）
　　　　03-3267-2831（編集）

印刷・製本所　図書印刷株式会社

文・写真＝中村恵美子
写真協力＝Javier López
デザイン＝長尾純子
マップ＝ZOUKOUBOU
編集＝鈴木利枝子

旅のヒントBOOK SNSをチェック！

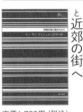